本书为湖北休闲体育发展研究中心2020年度开放基金项目
“2022年冬奥会背景下民间休闲体育与乡村旅游耦合发展研究”（项目编号：2020Z001）；
河北省青年拔尖人才项目
“燕山—太行山集中连片特困区旅游精准扶贫绩效空间差异及机理研究”(项目编号: BJ2017085);
中国博士后科学基金面上项目
“基于村民感知的参与式旅游扶贫绩效空间分异及机理研究”(项目编号: 2016M590131)的阶段性成果

燕山—太行山集中连片地区精准扶贫研究系列丛书

燕山—太行山片区乡村旅游扶贫规划案例精选

邢慧斌　曾　磊　著

河北大学出版社
·保定·

出 版 人：朱文富
责任编辑：刘　婷
装帧设计：王占梅
责任校对：刘梦茜
责任印制：闻　利

图书在版编目（CIP）数据

燕山—太行山片区乡村旅游扶贫规划案例精选 / 邢慧斌，曾磊著 . -- 保定：河北大学出版社，2021.1
（燕山—太行山集中连片地区精准扶贫研究系列丛书 / 段洪波主编）
ISBN 978-7-5666-1793-4

Ⅰ . ①燕… Ⅱ . ①邢… ②曾… Ⅲ . ①乡村旅游 - 扶贫 - 案例 - 中国 Ⅳ . ① F592.7 ② F323.8

中国版本图书馆 CIP 数据核字（2021）第 002662 号

出版发行：河北大学出版社
地址：河北省保定市七一东路 2666 号　邮编：071000
电话：0312-5073019　0312-5073029
邮箱：hbdxcbs818@163.com　网址：www.hbdxcbs.com
印　　刷：保定市北方胶印有限公司
幅面尺寸：170 mm × 240 mm　1/16
印　　张：13.75
字　　数：225 千字
版　　次：2021 年 1 月第 1 版
印　　次：2021 年 1 月第 1 次印刷
书　　号：ISBN 978-7-5666-1793-4
定　　价：36.00 元

前　言

中国共产党第十九次全国代表大会将精准脱贫作为三大攻坚战之一，提出重点攻克深度贫困地区脱贫难题，确保到2020年我国现行标准下农村贫困人口实现脱贫，其中集中连片特困地区是我国脱贫攻坚的主战场。“十二五”期间旅游扶贫带动贫困地区脱贫人口比例超过10%，近年来旅游精准扶贫已经逐渐成为最主要的扶贫方式。燕山—太行山地区自然环境恶劣、基础设施落后，传统工业化扶贫模式难有成效，而以野三坡旅游为代表的旅游扶贫取得了显著的扶贫绩效，并形成了典型的“涞水模式”。然而燕山—太行山片区绝大多数的村镇虽然蕴藏着丰富的乡村旅游资源，但由于缺乏科学规划与有效指导，乡村旅游扶贫成效甚微。因此，结合燕山—太行山片区实际，有针对性地介绍乡村旅游扶贫规划的典型案例，对于集中连片特困区顺利完成脱贫攻坚工作具有重要借鉴价值和现实参考意义。

本书依托邢慧斌和曾磊两位老师自2007年至2013年在燕山—太行山片区设计完成的五个典型且至今仍在当地旅游发展中发挥作用的乡村旅游规划案例，从旅游扶贫和乡村振兴角度，具体介绍了乡村旅游规划原则、理念和具体规划内容。本书由五章组成：第一章，以阜平朱家营村乡村旅游规划为例，探索政府主导型乡村旅游扶贫规划问题；第二章，以曲阳羊平村乡村旅游规划为例，研究集中连片特困区文化依托型旅游扶贫规划问题；第三章，以曲阳齐村乡全域旅游规划为例，研究产业和城镇依托型旅游扶贫规划问题；第四章，以涞水松树口村乡村旅游扶贫规划为例，研究景区依托型旅游扶贫规划问题；第五章，以“荆轲刺秦”专题乡村旅游规划为例，研究主题公园型旅游扶贫规划问题。本书既可以作为高等院校旅游专业的教学辅导资料，同时也可为旅游学术界研究燕山—太行山旅游扶贫提供素材，还可为旅游企事业单位，尤其是集中连片特困区的旅游景区，提供决策参考和行动依据。

本书在编写和出版过程中，得到了河北大学旅游研究中心王玉成主任以及河北大学出版社的大力支持，在此一并表示感谢！

由于时间紧促、资料有限，本书难免会有欠缺或不妥之处，我们真诚希望广大读者提出批评意见。

邢慧斌

2020年9月于保定

目　　录

第一章 政府主导型
乡村旅游扶贫规划：阜平县朱家营村

本规划由原阜平县旅游局委托河北大学旅游研究中心于 2008 年 3 月完成。此项目主持人为邢慧斌教授，参加成员主要有王玉成、曾磊、史玉江、王子新、李加林等人。①

第一节 项目背景

一、项目的背景及由来

阜平县天生桥镇朱家营村，南距河北省省会石家庄 140 公里，东距保定市 130 公里，北距北京 275 公里，西距五台山 55 公里，距保阜高速公路出口 8 公里，交通便利。朱家营村发展乡村生态旅游可谓得天独厚，村庄坐落于群山之中，太行山传统民居静谧和谐，朱家河顺流而下，著名的天生桥瀑布景区也位于此地。天生桥景区集地质、地貌、冰川、生态、人文等旅游资源于一体，被誉为“太行山深处的香格里拉”，是国家地质公园、国家森林公园及国家 4A 级景区。朱家营村生态资源优势和区位优势非常明显，具备发展乡村休闲度假旅游的理想条件。

---

① 本规划于 2008 年完成。为保证规划的完整性，本书中本章的数据资料等仍以规划编制时的情况为准，因此除了第一节和第二节部分内容，该规划仍保持了 2008 年编制时的内容，并未更新。

2003年以来，朱家营村依托紧临天生桥景区的区位优势，便利的交通优势及村内的特色种植业、养殖业优势，大力发展了以“农家乐”为主体的旅游服务业，到2012年发展有农家乐23家，从业人员达300余人。2011年底，朱家营村服务业总收入达到206万元，占村经济总量的31.69%；农业总收入235万元，其中特色种植业占到93.16%，传统农业退出了历史舞台；特色养殖业总收入136万元，占村经济总量的20.92%。① 随着《国民旅游休闲纲要》的出台，全民旅游时代快步而来，自驾车的前景广阔，乡村旅游成为城里人短途旅行的最佳选择，朱家营村乡村旅游提升发展恰逢其时。② 当地政府也充分认识到了利用自身生态优势、环境优势发展优势产业的重要性，树立了“紧紧依托天生桥风景区，做大做强旅游产业”的发展思路。保阜高速的通车，使得该区域可进入性极大改善，原有乡村旅游的设施、设备已经明显落后，乡村景观亟待整饬，乡村旅游提档升级时机已经成熟，迫切需要新的规划予以指导。

本规划立足于现状，充分利用朱家营村良好的资源基础，依托天生桥景区，将原有传统“农家乐”提档升级，重点打造朱家营“乡村休闲度假旅游”，使其成为天生桥景区晋升5A景区旅游发展的有机组成部分。本规划将明确朱家营村的乡村旅游发展目标，确定总体布局和功能分区，整合游线，设计特色的旅游产品，规范村容村貌，综合特色产业，提高服务水平，将“农家乐”提档升级，从而使朱家营村成为社会主义新农村建设的示范点，打造“太行山里人家——天生桥乡村休闲度假旅游第一村”的独特品牌，并将朱家营村培育成为河北乡村旅游示范村。

二、规划范围

本规划范围狭义上主要为朱家营村所辖13个自然村，以及紧邻而且区位条件和自然条件优越的营台村的沙洼自然村和阳坡自然村。从广义上讲自西下关南拐弯处至天生桥瀑布的旅游专线公路沿途两侧作为旅游开发的背景也是本规划涉及的内容。

---

① 此处为2013年的数据。因为2013年河北大学旅游研究中心在2008年规划基础上又做了一个朱家营的乡村旅游扶贫规划，因此这部分采用了2013年的数据。

② 此处为2013年的数据资料。

三、规划期限

规划期限：本规划期限为 2007 年至 2012 年，分为近、中、远三个规划期。

近期为 2008—2009 年（2 年），中期为 2010—2011 年（2 年），远期为 2012 年（1 年）。

四、规划目标

规划总体目标：根据乡村旅游的实质，挖掘朱家营村多种旅游资源，塑造阜平乡村旅游的新形象，培育阜平县和河北省乡村旅游精品项目。

具体来讲：

近期为规划启动和旅游基础设施建设完善时期，在这一时期使与村里旅游六要素相关的配套设施达到较高的水平。

中期和远期为规划完成和旅游业发展时期，在这一时期进一步增加村旅游功能，并扩大其影响。

五、规划原则

1. 保持原真性

乡村旅游之所以富有魅力，正在于其立足于淳朴的农村风俗和传统，因此在沙洼购物娱乐区、朱家庵红色度假区、三道岭—大青探险野营区以及天生桥休闲科考区的开发中一定要注意保护有形和无形的文化传统，旅游设施和旅游项目的开发要与当地特有文化和氛围相协调。

2. 动态参与

游客旅游体验丰富程度与项目的参与性密切相关。例如，雕刻作为一项技术性强的工艺，只有游客亲自实践，才能领会其中真正乐趣。本规划正是从游客需要入手，充分让游客参与到各个旅游项目和活动中来，以增加其体验性。沙洼购物娱乐区、朱家庵红色度假区、三道岭—大青探险野营区的旅游项目的设计以及活动的安排都应是围绕游客参与而展开的。

3. 系统设计

本规划从项目策划、线路设计、环境治理、纪念品开发、经营管理、食宿安排、人员培训等各方面对阜平各旅游区进行了系统设计，对吃、住、行、游、购、娱的旅游六要素均进行了详细筹划，以增强规划实施的操作性和指导性。

4. 平衡效益

本规划依托当地自然资源和民俗资源，开发朱家营村乡村旅游，所关注的效益不仅仅为经济效益，而是社会效益、经济效益、文化效益、环境效益等的综合。在具体策划中，本规划力求在诸多效益中寻求平衡，以实现朱家营乡村旅游的综合发展和持久改善。

5. 强调实用

本规划的制订是建立在深入实地、详细调查的基础上，具有很强的指导性和操作性。在投资回报分析方面，打破了一般旅游规划的模式，涉及招商引资的旅游项目，如沙洼购物娱乐区、朱家庵红色度假村等，按照招标书的内容，对其投资回报详细分析；而营销宣传、人员培训、日常管理等内容基本上都是政府出资，因此省略了对其投资回报的分析。

六、规划依据①

1. 法律法规

《中华人民共和国城乡规划法》

《中华人民共和国城市规划法》

《中华人民共和国环境保护法》

《中华人民共和国土地管理法》

《风景名胜区管理暂行条例》

《村庄和集镇规划建设管理条例》

《河北省旅游条例》

《河北省城市规划条例》

《河北省村镇规划建设管理条例》

2. 技术标准与规范

《中共中央、国务院关于推进社会主义新农村建设的若干意见》

《中共中央、国务院关于促进小城镇健康发展的若干意见》

《村镇规划编制办法》

---

① 此处为2013年的数据资料。

《村镇规划标准》
《县域城镇体系规划编制要点》（试行）
《旅游发展规划管理办法》
《旅游安全管理暂行办法》
《中国旅游资源普查规范》
《绿色建筑评价技术细则》（试行）
《小城镇环境规划编制导则（试行）》
《国家级风景名胜区监管信息系统建设管理办法》（试行）
《农家乐旅游服务质量等级划分》
《旅游区（点）质量等级的划分与评定》
《标志用公共信息图形符号》
《旅游服务健康安全工作基本要求》
《中国旅游强县标准（试行）》
《城镇地籍数据库标准》
《建设部“十一五”可再生能源建筑应用技术目录》
《河北省村庄规划编制导则（试行）》
《河北省城镇体系规划（2006—2020 年）》
《河北省旅游业发展总体规划（2003—2020 年）》
《河北省环境保护“十一五”规划》
《河北省土地利用总体规划（2006—2020 年）》
《河北省城市化“十一五”发展规划》
《河北省县域村庄空间布局规划编制要点实施细则》（试行）
《保定市城市总体规划（2011—2020 年）》
《保定市 2001—2020 年旅游发展总体规划》
《阜平县总体规划（2011—2030 年）》
《阜平县天生桥朱家营村扶贫开发整村推进规划》

第二节 乡村旅游扶贫发展基础

一、朱家营村概况

朱家营村位于阜平县城西南约30公里处，是太行山东麓中段坨梁东北侧的一系列山区村落群。距阜（平）长（城岭）公路10公里，距佛教圣地五台山55公里。新建的保阜高速在东下官村有一出口，距离朱家营旅游专线公路入口不过2.5公里。

规划的核心是朱家营村，这个村子共辖13个自然村，以朱家营自然村为中心，大致呈圆形分布，现在大青、三道岭、大魁石堂、大洼、莜麦荐、东沟等6个村村民已经搬迁到其他地方，后沟现在仅有1户居住，周昌沟除了村口的旅馆外，村中仅有3户居住。规划区域共有230多户，780多口人，集中分布在朱家庵村、朱家营村、上黄石堂、下黄石堂、宫上5个自然村。朱家营村中最常见的是老年人，一是因为中年人大部分白天去天生桥景区打工，年轻人则长时间去城里打工。二是因为当地人都饮用山上的矿泉水，天天走山路、干农活，再加上这里空气中负阳离子是城市的近30倍，所以长寿者较多。朱家营村大部分农民家中已经安装了有线电话，中国移动信号已经覆盖了全村。由于紧邻天生桥瀑布风景区，现在村常住居民收入很大程度依赖于景区（每年景区向村子支付约30万元人民币）。紧邻旅游专线公路的黄石堂、朱家营以及周昌沟等村村民通过发展旅游餐饮、住宿，收入较高。但随着旅游产业的发展很多问题暴露出来，如缺乏市场规范，旅游接待项目无序发展，价格制订缺乏行业标准依据，存在拉客现象，制约了朱家营旅游经济的进一步发展，问题亟待解决。

自西下关南拐弯处至天生桥瀑布的旅游专线公路沿途两侧的村庄、植被等，构成了本规划涉及的资源环境。朱家河沿着旅游专线公路，自天生桥由西南向东北蜿蜒而下，规划所设计的各个景点和功能区沿河道基本上呈对称分布。从空中俯视，整个规划区极似一条戏珠的银龙盘亘在苍山深沟中，主要景点和功能区正好构成对称的四珠和龙的四爪，而河道两侧的自然村庄和树木、庄稼就像龙的胡须和鳞片一样，非常漂亮。

二、区位条件分析

1. 交通

朱家营村隶属于阜平县天生桥镇，地处天生桥景区必经之路。位于阜平县城西部，距县城 30 公里。东距保定市 130 公里，南距石家庄市 140 公里，西距佛教圣地五台山 55 公里，北距北京 275 公里。交通条件便利，国家二级公路定龙公路路过此地；保阜高速在天生桥镇（东下关）专为景区设置了进、出口通道。天生桥镇（东下关）至该村的旅游专线公路达到国家二级水准。保阜高速的通车使得其交通优势凸显，距离中心客源市场保定、石家庄、北京、天津均在 300 公里以内，车程都在 3 小时以内。

2. 旅游

著名的天生桥景区隶属于朱家营村，自 1999 年开发以来，经过多年的建设，已获得诸多荣誉，现为国家地质公园和国家森林公园。这里鬼斧神工的杰作——天生桥，是目前我国首次发现的最大的变质岩天生桥。景区内沟谷密布、瀑布成群，有我国北方最大的瀑布群。天桥沟内更是一谷九瀑，错落叠加，气势磅礴，其中最大的瑶台瀑布（天桥瀑）落差 112.5 米，极为壮观。瀑布群四周层峦叠翠，林海滔滔，幽峡如画。景区主峰百草坨海拔 2 114.5 米，有“百花、百草、百种药”之说，6 000亩（1 亩约合 667 平方米）人工栽植的落叶松与70 000亩白桦林为主的乔灌木杂树共生的原始次生林，把绵延迂回的苍山裹得严严实实。峰顶宽坦如砥，绿草如茵，山花烂漫，鸟语花香。

3. 文化

朱家营村有着深厚的历史文化内涵。清代康熙、乾隆皇帝到五台山曾多次路经此地，有关的景点如教厂行宫、马刨泉、龙宿庵、回龙巷、招提寺、三箭山等风采依旧。盘亘于雄峰当中的明长城，在阜平境内长达 120 公里。景区主峰百草坨是 1927 年晋军与奉军交战的战场，阎锡山部所挖的防空洞残存的几处成了今天人们的避雨之所。在抗日战争和解放战争期间，中国的十大元帅中有八位在这里留下了光辉的足迹。

天生桥景区周围有明长城、古御道、古北岳恒山、南北温泉、晋察冀军区司令部和边区政府旧址等众多的自然和人文景观，因此，天生桥景区被誉为“太行深处的香格里拉”。景区还流传有关于“人参娃”“通天梯”等美丽动人的人文传说。

三、乡村旅游开发优势

1. 自然旅游资源丰富

朱家营村属温带半湿润大陆性季风气候，年均气温 12.5 ℃，1 月最冷，平均为−3.2 ℃，7 月最热，平均 26 ℃，年均降水量 615.6 毫米，最大降水量1 158.9毫米，最小降水量257.4毫米。全区平均海拔在1 450米左右，最高山峰为百草坨，高2 144米。区内沟谷众多，山峰林立，植被茂密，流水潺潺，原始林地、草地景观保持完好，森林覆盖率达到 70%，植被覆盖率达到 90%以上。全区植物属半旱生森林、草原植被区系，有 120 科，360 属，1 000多种，其中 600 多种可以入药，植被垂直分布特征极为明显。千年古树非常多见，区内陆生脊椎动物约 160 多种，其中金雕、金钱豹等 14 种为国家重点保护动物，各种昆虫更是不计其数。

2. 人文旅游资源开发潜力较大

朱家营村绝大多数村落至今仍保持着浓厚的传统生活方式，其建筑风格、陈列装饰、风俗民情没有现代化的商业痕迹，仍然散发着浓郁的乡土气息，置身其中，静谧、轻松，具有很强的旅游吸引力；每个自然村都有很多关于山、水、树的神话传说，有些祭祀活动已渐成规模，如朱家庵的千年柞木树每年正月十五都有人来祭拜。此外由于朱家营为革命老区，红色旅游资源丰富，如游击队智斗敌人、村民与敌斗争、血花剧社演出等，很有感染力，有些至今还存有遗迹和遗物。

3. 具有一定旅游发展基础

区内的天生桥瀑布群已经在北京、天津、石家庄、保定、太原等周边城市具有一定旅游影响力。朱家营村基本上都位于天生桥旅游专线公路两侧(远近不同)，部分当地人通过参与旅游发展，从天生桥瀑布的旅游开发中获得了较多实惠，已经看到了开发旅游所带来的巨大经济价值。全村人均年收入由原来的不足 500 元增长到现在的1 900元左右，所以朱家营村村民普遍对旅游业非常支持，已经认识到发展家庭旅游接待业是脱贫致富的途径。

4. 各级政府对朱家营乡村旅游发展非常重视

党的十六届五中全会做出了建设社会主义新农村的战略部署，国家通过政策倾斜、资金支持等途径改造农村、农民、农业，积极拓展农民增收渠道。旅游作为一项投资小、见效快的产业具有带动新农村建设的力量，因此国家大力支持乡村旅游发展。此外，河北省旅游局、阜平县旅游局以及东下关乡政府等各级地方政府也极为重视朱家营乡村旅游工作。这为朱家营乡村旅游发展提供了良好的政策环境。

四、建设环境条件分析

1. 社会经济条件

朱家营行政村辖区内贫困户 124 户 456 人，耕地面积1 024亩，林地面积100 000亩，荒地面积10 000亩，劳动力人数 341 人。按国家扶贫办最新确定的扶贫标准计算，朱家营村贫困人口占全村总人口的 54.8%。①

①贫困人口较多，村民文化水平和素质普遍较低。

②农业基础条件差，近几年来，在党的一系列惠民政策的指引下，基本解决了村民温饱问题，大部分村民安于现状。

③没有任何集体经济产业。

④卫生状况差，基础设施建设滞后。

⑤村民文化程度较低且观念落后。

2. 基础设施状况

朱家营村已经具备了开发建设的必要条件和资源优势。

①通往村内公路等级为国家二级。

②农电网络遍布全村。

③现有农家乐 20 余家，社会服务依托条件较好。

④移动、程控电话接通。

天生桥景区的发展为朱家营村带来了无限商机，随着游客逐年增多，已初步形成观光、度假、休闲的氛围。同时，交通条件的改善拉近了朱家营村与主要客源地的距离，游客普遍对景区自然生态环境感到满意，90%的游客认为当地环境有利于休闲放松。

五、乡村旅游开发不足之处

现在朱家营村所辖规划区内仍存在着诸多问题，制约着其乡村旅游的快

---

① 该数据为 2013 年的数据。

速发展。

1. 路况差

除朱家营自然村和周昌沟村由于区位条件优越，开发旅游业较早，路况较好之外，其他自然村落路况都较差。其中部分村已经荒废且具有开发探险项目的特殊性要求，如三道岭村，现在可以不用太多修缮。但是朱家庵村进村路以及宫上村进村路坑坑洼洼，这两村都是规划中的度假村和接待地，因此需改善路况。另外，各村村内的街道都普遍损坏严重，如朱家庵村村内道路已经崎岖难行。

2. 交通不发达

朱家营村与周边城镇之间的大交通和各村之间的小交通不发达。自阜平县城没有直接开往朱家营村或天生桥瀑布景区的公共交通车辆，从县城打车到上述两地都需要50元左右。当地人一般先从县城坐去龙泉关的公交车在西下关的岔路口下车，再向西南步行1个小时左右。早晨从朱家营有两辆龙泉关的公交车去阜平县城，需提前打电话预约。当地人在各自然村之间来往经常步行或搭乘顺路车，而自行车在当地并不常见。

3. 周边环境需整治

较其他旅游项目而言，乡村旅游开发对环境的要求并不是很高，能做到“干净、卫生、整洁”即可。但朱家营各自然村有些地方还不如人意，比如厕所、猪圈、牛圈、鸡窝等普遍建设无序，有的甚至紧挨公路，味道刺鼻；农户所住房屋均以石为墙，再涂以黄土和白土，这本来非常有卖点，但是由于屋顶是木结构，所以鼠患较多；沿旅游公路的河道两侧的垃圾较多，亟须加强治理。

4. 商业不发达

朱家营村仅有两家商店，分别位于朱家营自然村小水坝东侧和村委会对面（门面较小），而且所售商品主要为方便面、小零食、烟酒等，种类较少，难以满足当地人的生产、生活需要。因此，村民绝大多数依赖于从不定期来村的小商贩处购买所需物品。此种情况不改善，一旦开发旅游业，一方面商品种类和数量不能满足游客需要；另一方面商品供不应求也会使物价升高，给村民带来经济损失。

在餐饮方面，除了炖肘子、炒花椒叶、炒柴鸡蛋等常见的山区菜品之外，当地并没有结合山区和当地实际开发出特色食品。朱家营村的旅游业虽然有了一定的发展，但旅游商品并不发达，一来没有特色，起不到纪念、回忆的效果；二来数量极少，难以满足游客的需要。

第三节　总体布局与功能分区

基于朱家营村乡村旅游资源基本上呈“线状”规则分布的特点，结合贯穿始终的河流以及交叉于各景点的接待区，本规划依据特色互补、因地制宜、立足实际、关联互动、利于融资的原则，从游客心理变化规律入手，把朱家营乡村旅游空间结构高度概括为“一龙、五珠、四爪”。

“一龙”为自西下关入口至天生桥景区贯穿始终的朱家河（朱家营主河流名为“朱家河”）。“龙”自西南向东北蜿蜒，“龙头”为西下关南拐的第一个石桥处（这里会建一处小型石牌坊）。“五珠”沿“龙身”自北向南分别是“五彩珠”：门景区；“黄珠”：沙洼购物娱乐区；“红珠”：朱家庵红色度假区；“绿珠”：三道岭—大青探险野营区；“银珠”：天生桥休闲科考区。“四爪”分别是上下黄石堂旅游接待区、朱家营旅游接待区、宫上旅游接待区和周昌沟旅游接待区。通过本规划的实施旨在打造华北一处融民俗、观光、探险、教育、科考为一体的原生态的大型旅游休闲景区，吸引老年（红色度假）、中年（购物、娱乐度假）、青年（探险度假）等各个年龄阶段的游客。

五彩珠：

门景区总体旅游宣传口号：“找寻北方香格里拉”

黄珠：

沙洼购物娱乐区的宣传口号：“体会民俗风情”

红珠：

朱家庵红色度假区的宣传口号：“感受抗日豪情”

绿珠：

三道岭—大青探险野营区的宣传口号：“唤起儿时激情”

银珠：

天生桥休闲科考区的宣传口号：“放松紧张心情，挖掘探求精神”

一、一龙：朱家河

朱家河一路沿旅游专线公路蜿蜒而行，时而穿桥而过，时而含羞缓行，时而澎湃急促，富于变化，极具动感，再加上河流中大小岩石天然形成的小拦坝，高低错落，形成了一条“龙形”的景观。而且它也是一条链线，把各个分散的珠子（景区点）和各接待区连接在一起，形成一条璀璨的项链，引导游客观览。

1. 河道两侧绿化工程（近期）

现在河道两侧主要种植玉米，一来阻挡了游客的视线，游客在游途中看不到很多优美的河段；二来与周边环境不协调，缺乏美感。应在紧挨河道的内侧各种植一排速成垂柳，间隔为 2 米左右。在河道北边外侧直至公路，不规则地种植 3 排纸皮核桃树，间隔不易太小，应在 3～4 米，以使游人在车上可以透过树木看见垂柳和河流。河道南边外侧直至玉米地种植两排纸皮核桃树。但有些河段，如沙洼村西 3 米处的河道、朱家营自然村进村口河道北侧已有长成的相对茂密的树木，不必改动。

在旅游专线公路两边种植一些颜色鲜艳的花草（可仿效阜长路两侧绿化），以衬托环境，增加生趣。每隔 3 米安装设计成小动物形状的路灯，路两侧的主要建筑以及场所要装置夜光设备。同时为防治因旅游发展而带来的河道垃圾污染，应把河道分段，指定专人定期负责清理。

2. 小型拦水坝工程（近期）

在一些标志性地段，本着原始、美观的原则，采用天然的石块堆砌小型拦水坝，一来提高流水音量，愉悦游客身心；二来富于层次，也增加了美感，营造出空灵、超脱的氛围。适宜建小型拦水坝的地段有：西下关南拐的第一座石桥东侧、营台村入口石桥南侧、沙洼村西、阳坡村西口、朱家营村进村东口和出村南口、周昌沟村村口、“绿色家园”接待所对面以及三道岭沟出口等处。

3. 虹鳟鱼等鱼类养殖工程（中期）

西下关南拐第一座石桥西侧、沙洼村西口、朱家营自然村以及“绿色家园”招待所等处，由于环境优美，河道较宽，会吸引游客下车嬉戏、拍照、休息，因此在这四处适宜地方应设坝养鱼，如养殖虹鳟鱼等，开展垂钓、泛舟等旅游项目。同时，附近应建设亭子，安置石桌、石椅，以便游客休息。养殖场可采取农业托管的方式，即游客出钱购买一处水域自己养殖鱼类，周末和假期来垂钓，平时由当地人负责管理。

4. “龙头”设计（中期）

在西下关南拐的第一个石桥处，公路两侧各立 3.5～4.5 米的石头立柱，顶部可参考朱家庵村四合院西屋的屋顶样式，屋脊中部为一条蜿蜒的龙形，两侧屋脊角翘起，屋檐处书写“朱家营欢迎您”字样。

二、五彩珠：门景区

朱家营旅游专线公路入口极小，广告牌安置过高，颜色和位置很不明显，以至于经常造成游客走错或者根本找不到景区的情况。另外，作为景区的门面，入口也需精心设计。要吸引游客，建设必要的富有特色的旅游设施，体现景区主题。

1. 景区大门（近期）

在旅游专线公路入口的国防路上竖一高 8 米的仿古式牌楼，采用天然石料，南侧石柱竖在公路外侧，北侧石柱竖在北面岩石中，牌楼跨度为 6.5 米，以不妨碍卡车通行。两侧石柱背景色为红色，自下而上饰以四爪银龙 1 条，周围配以云朵纹样，在龙的尾部、两侧有黄色、红色、绿色、银色明珠 4 枚，龙口部的五彩珠更为夺目，以此来表明本景区中各景点的分布格局。牌楼正上方刻有“北方香格里拉”字样，顶部纹饰背景色以绿、蓝为主，上面的图案以健康、快乐、原生态为主题，包括《竹报平安》《山区清晨》《快乐吉祥》《丰收农家》《飞水瀑布》等浮雕。牌楼四周装置夜光线。村庄入口标志以灰白为主色调，采用简易的农家风格。

自东下关直至龙泉关之间的国防路每隔 20 米设置一个朱家营旅游交通指示牌，每隔 40 米设置一个高 1.5 米、宽 0.6 米的落地广告灯箱。

2. 门景广场（中期）

在专线公路入口两侧开辟整理 30 亩土地，嵌入式硬化后作为门景广场，广场主要建筑和四周安装多样的夜光装置。广场为圆形，大致按太极图来布置，四周装饰以竹子式铁艺栏杆，栏杆附近种植一些爬山虎等攀爬植物，以形成天然绿色屏障，栏杆下种植月季、菊花等装饰性花草。以中心弯曲主路为界，两侧建筑与布置基本对称，西侧自北向南分别是停车场、花卉区和办公区。其中停车场面积为3～5亩，设5行8列，可停放近40辆旅游大巴车，旁边种植高大的常绿乔木以起到遮阴点缀的作用。停车场停放3～4辆绿色电瓶车和8～10辆自行车，以供游客有偿使用。在停车场西侧建一公共环保厕所，由专人负责，要求卫生、通风。花卉区以黄杨、万年青以及其他植物布置出“您累了，休息一会儿吧”字样，周围设有石桌、石椅和活动凉亭。办公区主要是景区管理人员为游客提供旅游服务和收费的场所，建筑风格为坡形屋脊、石墙、灰瓦的当地传统建筑式样。在办公区西侧建一垃圾收集点。

中心弯曲主路东侧自北向南分别是室内娱乐区、音乐喷泉以及游客服务区。由于靠近运煤路，所以娱乐区设计为室内形式，既可以防止噪声干扰，也可以杜绝灰尘的污染。建筑风格为当地传统房屋式样，里面的大厅辟有牌类、球类、保健类以及水吧等6个小区。娱乐大厅两侧设有绿化花坛。喷泉为自循环水系，在水井和河流之间有两个开关，可以从自来水井中取水，也可以定期与河流交换水。喷泉两侧设置石桌、石椅以及活动凉亭，以供游客休息。服务区为综合旅游接待中心，为两层当地传统建筑，二楼主要是旅馆，有2人间、3人间和4人间客房共20间，一楼为餐饮和购物区，餐饮有一般饮食和特色食品，购物区主要出售生活必需品以及根雕、树桩盆景、环保花卉、手工布鞋、茶鸡蛋、枣酒等。在专线公路两侧的停车场、办公区、娱乐区和服务区4个入口处，布置垂柳和各式花草。在广场南端出口两侧（办公区后面）设置一个小型牌坊式导游牌，指明景点位置、名称以及游客注意事项和报警电话等。

门景区总投资大约为56万元，由东下关乡政府、朱家营村、营台村以及各景区（点）管委会负责招商引资。

三、黄珠：沙洼购物娱乐区

沙洼位于整个朱家营旅游区东南外围区域。上游朱家营各沟河水汇集，在沙洼村村口处流量较大，沿岸植被茂密、河道蜿蜒，不乏小峡谷、小深潭、小瀑布、怪石等，稍加整治，极具旅游吸引力。沙洼村保持着浓厚的传统风貌，村内房屋古色古香，窗户、屋门、家具、陈设仍为老式风格。鉴于游客往返朱家营必经过沙洼，因此在此处建旅游购物中心会很有市场。

1. 主题依据

①沙洼村禁山上以及村口种植有大量核桃树以及野生的山杏树、山枣树

等，同时周边村也有大量土特产品。

②游客游程结束，总希望购买一些旅游商品作为纪念，而沙洼正好处于游客返程的必经之路上。

③村中心有开阔场所，周边房屋围绕中心广场排列，稍加改造东侧可作为停车场，西侧至碾盘处可以举办大型节庆、娱乐活动。

④村庄原始风貌保持完好，具有氛围开发基础。

⑤当地神话传说较多，为娱乐项目开发提供了源源不断的素材。

2. 项目策划

①考虑沙洼村文化特色和一些碾盘等实物基础，可让游客在度假村中自己磨面、自己采摘、自己做饭、学剪窗花、修房屋（当地房屋为石头砌墙，然后抹上黄土，再抹上白土，较有特色）、编筐、缝荷包、做粗布衣服等，过后可以带走自己的劳动成果，不过原材料以及必要加工要收费。

②凭借当地流传的一些神话故事，如关于禁山上的千年柞木树能治病等传说，本着弘扬传统文化和寓教于乐的原则，可以在这些传说的基础上附会出一些节庆和祭祀活动，这样基于祭祀用品和娱乐用品也会增加当地收入。

③村中心广场东侧主要作为停车场，西侧至碾盘处为娱乐场，可以安排上演皮影戏，播露天电影，表演双簧等民间视听艺术，周边卖糖人、年糕、糖瓜等民间小吃。冬季游客来此度假可睡火炕，吃饼子、大锅菜，体会当地传统的过年习俗。

④利用村口河道水流大、环境优美又紧挨公路的优势，在水潭面积较大的地方开展垂钓项目；在两侧山体较高的小峡谷上架设窄的铁索桥或木板桥开展刺激的空中飞人项目；在河水较深处开展套圈走路、水上接力、水球竞技等水上项目，增加参与性。

3. 工作安排以及投资回报分析

（1）近期（2008—2009 年）

①原沙洼村村民搬迁至阳坡村东侧的平坦地块，原有房屋可折价入股度假村或自己经营。投资约 3 万元。

②本着尊重原貌、方便出行、便于操作的原则，对村口的乡村路用水泥硬化以及村内街道用青石板整修。投资约 12 万元。

③村中心广场四周环境需要整治，需拆除北侧的两个猪圈，村内其他猪圈，则可以打扫干净，稍加整理改作花坪，可以选择种植的花有：三色堇、

倒挂金钟、绣球花、海娜花、菊花、牵牛花等，冬季时可在此堆放柴火。投资约 3 万元左右。

④考虑到成本，可在村东靠近广场的农户中选一户在其院内修建一个生态厕所，另外对其他厕所进行改造，粪坑挖深、挖宽，地上为蹲便或坐便，男厕和女厕分开，整体风格修建为仿古式。投资约 7.5 万元。

⑤沿村口河道南侧每隔 30 米修建一个仿古式亭子，直至阳坡村南口，共需修建 5 个左右。投资约 2.3 万元。

⑥村西乡村路北侧的房屋建成商业购物中心，主要出售花草工艺品、稻草编织品、手工布鞋、玉米苞叶编织品以及草画等。村中每户房屋装修都要各具特色，除了住宿、餐饮功能外，都要拥有特殊的旅游功能，如有的以窗花见长，可命名为“窗花之家”，游客可在此参观、学习剪窗花；有的以木刻为主，可命名为“版雕旅社”；有的以葡萄采摘为主，可命名为“世外萄源”；有的以做农家饭为主，可命名为“绿色家园”（可在村东、村西、村南各开一家）；有的以编筐为主，可命名为“编织巧手”；有的以绣荷包、绣花鞋和老虎头鞋为主，可命名为“刺绣江南”；等等。投资约 11.2 万元。

⑦村电线网沿村路左侧重新架设，高度为 6 米左右，每隔 2 米安装仿古式路灯。村中的主要建筑以及重点场所要安装夜光装置，尤其是中心广场四周除安装路灯之外，地灯、霓虹灯、探照大灯也要配齐，以方便演出。电话线应沿村路右侧架设，高度为 6 米左右。投资约 9.6 万元。

⑧垃圾收集站建设在村庄的下风下水较隐蔽处，避免视觉污染，由专人负责。投资约 1 万元。

⑨在桥南侧村入口正上方竖一个高 8 米、长 2 米、宽 1.5 米的大型灯箱广告牌，上面用红字书写“沙洼购物娱乐区”字样。投资约 1.5 万元。

近期总投资约为 54.1 万元，预计 2008 年 6 月可正式营业，当年收入 15 万元，按照 30%速度递增。另外，所交各种税金约 3 万元。

（2）中期（2010—2011 年）

①加强度假区内部管理和从业人员服务素质培养，制订度假区管理规章。投资约 3.2 万元。

②拿出中期 20%的收入，成立“沙洼旅游公共基金”，用于沙洼村村民的医疗、购买良种、教育等。

③通过多种方式，如邀请名人参观访问等，扩大度假区的社会影响。投

资约 12 万元。

④结合实际，加大旅游纪念品开发力度，如开发演出光盘、荷包、竹筐、标本、剪纸、根雕、木雕、石雕等手工艺品以及核桃、山枣、山杏、猕猴桃等土特产品。投资约 5.6 万元。

中期总投资约为 44.1 万元，按照 30%速度递增，截至 2011 年中期旅游总收入为99.951 427万元。另外，所交各种税金约 8 万元。

（3）远期（2012 年）

加大土特产品，如核桃、杏、花椒、桃、山枣等的深加工力度，提高产品技术含量，以增加其经济附加值，投资约 45 万元。2012 年，本度假区社会知名度已经较大，旅游产业链基本形成，旅游收入增长速度为 65%左右，以此计算，远期旅游总收入为93.215 57万元。另外，所交各种税金约 3.5 万元。

四、红珠：朱家庵红色度假村

朱家庵是位于朱家营村西北方的一个山村，距离天生桥旅游专线公路1 公里左右，紧挨朱家营自然村。该村由于区位原因经济落后，很多中青年人去天生桥或城里打工，该村村民迫切希望改变当前落后面貌，又鉴于天生桥景区的示范，因此对旅游业持支持态度。另外，该村相对封闭，房屋还都保持着传统特色，山体植被保存完好，村子依山傍水，山清水秀，丝毫没有现代化的商业气息。当地还流传着很多抗日故事，很多老人还曾亲身经历过抗战。

本规划旨在恢复朱家庵抗日战争时期的风貌，设计参与性强的爱国主义项目和娱乐项目，以达到爱国主义教育和增加游客体验的双重目的。本地也可作为抗日题材影视作品的拍摄基地。

1. 主题依据

抗日战争时期经常有日寇来朱家庵扫荡，当地游击队为了保护老百姓，在各个山头上竖起大草杆，一旦发现敌人来袭，就推倒报信，老百姓就上山躲避。

朱家庵是抗战时期阜平血花剧社的主要活动地。血花剧社成立于 1938 年，主要是通过舞蹈、歌曲、漫画、标语、报纸等方式在老百姓中宣传抗日道理，节目排练简单，设施简陋，一般是白天跋涉，晚上在村口搭个简易舞台演出，现在可考的有舞蹈《儿童舞》《海军舞》以及独幕剧《东阳关》《哗变》《东北一角》《一元钱》《锯大缸》等。

曾有解放军来朱家庵的附近山上埋设电缆，其间村民为子弟兵送水、送饭，还敲锣打鼓来鼓舞士气，士兵们有时候也下山来村里给老百姓表演节目，军民同乐。同时，此地传统生活方式、建筑风格和原生态景观保持完好，极具开发价值。

2. 项目策划

村口安排有抗战时期式样马车和身着土布衣服头戴白毛巾的老乡，游客乘坐马车进村前要兑换“银圆”（度假村中只通用“银圆”），在1公里长的进村路上，游客时常会听到枪炮声，看到民兵站岗、军民干活等场景，有时还会看到打仗场面。进村后，山顶上的大草杆会被推倒，有人高喊：“有人来了！”老百姓会出来迎接，像见到八路军亲人那样，送上核桃、苹果等，热情地将游客让进早已布置好的屋子里。通过巧妙安排把游客带进一个战火纷飞却又患难与共的时代。可借鉴《小兵张嘎》《英雄儿女》《野火春风斗古城》《敌后武工队》等抗日影片中的故事，巧妙设计鬼子进村、进山避难、集中反击、民兵训练、下山送信、解救老乡、胜利庆祝、剧社演出、军民同欢等情节，让游客不知不觉参与其中。

在村西禁山半山腰山顶柞木树下方的平坦地方因地制宜修建一座庵祠。此外，息台扩建附近的柞木树庙，使其至少能同时容纳3～4人；在山顶柞木树西侧5米的山梁上修建仿古式瞭望亭。

利用朱家庵耕地较多、蔬菜品种齐全的优势可建成“朱家营绿色蔬菜批发市场”，游客可下地与老百姓共同干活，共同收获，增加参与性。同时，市场也可为附近度假村和天生桥景区提供绿色蔬菜，增加旅游收益。还可设计农业托管的互动方式，即游客出钱租一处地方自己种植蔬菜、粮食，周末和假期来耕种、收获，平时由当地人负责管理。

农家院改造时主体结构不动，只需要将装饰陈设稍加改造成抗日时期的风格即可。游客可在此睡火炕、摘葡萄、采野菜、贴饼子，吃榆皮面饸饹、柴鸡蛋、玉米豆面糍粑等，使游客通过参与旅游项目尽情体验当地传统民俗。

3. 工作安排和投资回报分析

（1）近期（2008—2009年）

①改善进村路况，用水泥硬化3.5米宽路面，两侧用土和石子垫平、夯实。村内街道改用青石板或较大石块修缮，以防下雨再被损坏。投资约9.5万元。

②在天生桥旅游专线公路与村口交界的西侧空地中放置一个大碾子，后面移植一株茂密大树，上面挂一口大铁钟，附近排列 3 辆马车，马车夫身着抗战时期老百姓服装，负责拉游客上山。路东侧的村舍内设“银圆”兑换处、服装出租处等，院子里设停车场。离此 3 米的进村路口上方 8 米处悬挂“朱家庵红色度假村”招牌。由此直至村子，乡村路东侧悬挂、粘贴抗日标语、海报、漫画、红旗等，渲染抗日气氛。同时东侧山下装置自动播放系统，播放一些抗日歌曲、枪炮声，或者鸟鸣、水流等声音。投资约 6.8 万元。

③度假村的主要建筑和重点活动场所要安装夜光装置，村中各街道每隔 5 米安装树木形状的路灯；村路西侧的路灯则设计成红旗形状，下面种植当地的常绿植物。投资约 8.3 万元。

④在沿村河流中，本着尊重自然、美观、经济的原则每隔 8 米整理出一个小型拦水坝，以增加景观质量。投资约 0.5 万元。

⑤息台处千年柞木树庙扩建成本约 0.3 万元；禁山上庵祠修建（构造简单、保护植被、深藏山中）。投资约 3.5 万元。

⑥对农户的厕所进行改造，粪坑挖深、挖宽，地上为蹲便或坐便，男厕和女厕分开，整体风格修建为仿古式。投资约 4.2 万元。

⑦垃圾收集站建设在村庄的下风下水较隐蔽处，避免视觉污染，由专人负责。投资约 1 万元。

⑧购买服装，设计制作“银圆”，搜集编写抗日剧目等。投资2.6 万元。

⑨对农户房屋按照抗日时期风格进行装修，猪圈、牛圈等集中搬迁至禁山后面平坦地块上。投资约 6.2 万元。

项目开展过程中预防不确定因素的储备金 1 万元。

近期总投资约 43.6 万元，预计 2008 年 6 月可以正式开业，当年旅游收入可达 18 万元，按照 30％速度递增。另外，所交各种税金约 2 万元。

（2）中期（2010—2011 年）

①旅游淡季时可联系抗战影视拍摄，不会影响游客旅游，可吸引游客参与其中。

②村里停车场、龙王庙、柞木树庙扩建、维修。投资为 5.6 万元。

③增加蔬菜品种和扩大种植规模，巩固蔬菜批发中心地位，进一步拓展阜平、保定、石家庄等周边城市销路。投资约 2.8 万元。

④开发弹壳雕刻、木制手枪、弹弓子、抗日纪念章、“军功章”等旅游纪

念品以及花椒、土豆、山枣等土特产品。投资约2.3万元。

⑤设立“抗日旅游项目基金”，主要用于项目创作、预防突发事故、村民服务素质培训等。投资约12万元。

⑥设立“朱家营红色基金”，主要用于朱家庵村民教育培训和医疗保障等。投资约6万元。

中期总投资约为28.7万元。另外，所交各种税金约4万元。

(3) 远期（2012年）

①提高当地蔬菜产品技术含量并购进必要的设备和引进农业专家，对蔬菜进行深加工。投资约16万元。

②制作血花剧社演出以及记录抗日项目进行过程的光盘，制作相关宣传资料，联系社会各界人士和保定、石家庄、北京等主要客源地的旅行社来此参观。投资约5.6万元。

远期投资总额约为21.6万元。另外，所交各种税金约2万元。

五、绿珠：三道岭—大青探险野营区

三道岭村和大青村位于朱家营村西南面，三道岭沟距离天生桥景区大门不过250米。十几年前三道岭村村民因为交通不便搬到朱家营自然村居住，故当地村舍还保存完好。大青村荒废时间更久，现在仅剩下断壁残墙、参天大树和阡陌梯田。这个地区植被覆盖率达到96%以上，河水流量较大，而且怪石嶙峋，瀑布较多。三道岭沟中有大大小小的瀑布30多座，集中分布于沟深处。其中有条瀑布直上直下，下有较大水潭，非常漂亮。由于久已荒废，所以这两个村子的进村路已经被荒草封死。沟中动物较多，野兔、刺猬、山鸡、布谷鸟、啄木鸟、红斑鸠、松鼠、狍子、狐狸、獾等都较为常见。另外，三道岭多蟒蛇，据说有3条巨蟒和无数小蟒，曾有老人被困，后侥幸逃脱。现在越来越多的北京等地年轻人来此探险野营。

1. 项目策划

从朱家庵、正叉沟、二道沟、大魁石堂都可去三道岭村，原先曾有拉木头、送货的马车从朱家庵禁山上一直走到二道沟，至今这条路仍有保存，路面较宽，但损坏严重。道路整修后可以开通朱家庵—二道沟的马车旅游线路，让游客体会古道、深山、密林、马队的马帮文化。

由于二道沟长时间没有人居住、通行，山路已难寻觅，原生态景观保持完好，怪石林立。老龙王堂附近景色优美，还有一道石壁，裂开的中间部位像人的牙齿，非常奇特。而且二道沟靠近天生桥旅游专线公路，因此可作为三道岭—大青探险野营区的入口。正叉沟紧挨二道沟，属于朱家庵，地势平坦，耕地较多，可作为三道岭—大青探险野营区入口的服务区（包括停车场、购物区、食宿区、导游区等）。出口设在三道岭沟口的与旅游专线公路交接地方，这样经历了惊心动魄探险的游客可去天生桥景区休闲放松。

在靠近天生桥休闲区的出口处修建一处盆景园，主要为树桩盆景、葡萄盆景、保健花卉盆景、环保盆景、香草盆景等较为时尚的盆景，再配合一些食用型的果木盆景和园林观赏盆景，既可以美化周边稍显单调的环境，也可以增加游览项目。该项目选址优越、利润可观，景区管委会应采取招商引资方式建设，具体成本不在本规划考虑之中。

2. 工作安排和投资回报分析

（1）近期（2008—2009 年）

①对距离三道岭沟出口不远处的垃圾场需尽快清理，并且严格规定，任何人和单位不得再把垃圾堆放到这里。投资约 0.8 万元。

②平整三道岭出口处靠近公路的路面，架设一座小型木桥，南侧建服务区和盆景园，服务区设施较入口处简单，近期仅设检票处、购物处即可（有些游客游完天生桥可能由此上三道岭探险野营）。此外，入口处正叉沟的服务区内设施应较为齐全，内设停车场、售票处（游客购买门票的同时会了解到进山规定，如山上不准起火等事项）、购物区（药品、背包、食品、地图、帐篷，以及必要生活用品等）、导游区、食宿区（规模不宜太大）。投资约 12.6 万元。

③对三道岭房屋在保持原貌的基础上加以修复，保证安全、卫生、干净。投资约 1.8 万元。

④在景区内每隔 1 公里建设一个茅屋式的生态厕所，共建 5 个。投资约 8 万元。

⑤垃圾收集站建设在村庄的下风下水较隐蔽处，避免视觉污染，由专人负责。投资约 1 万元。

近期总投资约为 24.2 万元，预计 2008 年 4 月能对外开放，当年收入为 13 万元，按照 30%速度递增。另外，所交各种税金约 1.5 万元。

（2）中期和远期（2010—2012年）

①进一步完善景区出口和入口的服务功能，适当增加住宿、餐饮接待能力。投资约3.8万元。

②加强管理，旺季时控制游客数量，以防止植被破坏。

③在深山中建设8座小木屋，用于游客住宿。投资约4万元。

④在三道岭沟西南地势高的地方修建一所小型水库，增加沟中水流量，提高景观质量。投资约10.5万元。

人工种植适合当地生长的经济型果树，如核桃、苹果、梨、桃、枣等，这样游客可以采摘，增加原始野趣。投资约5.4万元。

中期和远期投资总成本约为23.7万元，因为探险野营回头客较少，所以按照11%递增速度计算旅游总收入，这一时期约为64.302万元。另外，所交各种税金约2万元。

六、银珠：天生桥休闲科考区

天生桥瀑布群位于朱家营村西南面的旅游专线公路的尽头，此处天生桥为中国最大的片麻岩天生桥，该桥距今已有28～29亿年历史。1999年开发，2002年2月正式挂牌，成为中国国家地质公园，现为国家AAA级旅游景区。由于天生桥景区的开放带动了公路沿边村落的旅馆业和餐饮业发展，同时也解决了大量当地中青年人的就业问题。但是景区从建设到管理缺乏必要规划，现在仍存在诸多因素限制其更好发展。由于景区已承包给个人，并且正在运营，所以项目策划和投资回报省略。

存在的主要问题有：

①上山和下山只有一条道路，这样游客返回还得走重复路，会降低游兴。

②索道建在了登山道路的起始处，有煞风景。

③由于是瀑布景区，路面相对湿滑，有些危险地段缺少必要的安全保护设施。

④采用水泥修建景区大门和门口河道，人工痕迹太明显，与景区原生态旅游形象格格不入。

⑤所售旅游纪念品毫无当地特色。

⑥整个登山路上没有凉亭、石桌、石凳、木凳等休息设施。

⑦垃圾箱风格不统一而且缺乏当地特色。

⑧缆车路线应停止播放流行歌曲，改放鸟鸣、水流等自然之声，或者不放音乐。

⑨景区和大公路之间的交通设施不健全，没有提供出入和返回的公共交通工具。

⑩垃圾收集站位置不合理，应建设在村庄的下风下水较隐蔽处，避免视觉污染，并应由专人负责。

七、四爪：旅游接待区

在以上每两个景点之间都规划了一个大型接待区，按照进山顺序，分别为上下黄石堂旅游接待区、朱家营旅游接待区、宫上旅游接待区和周昌沟旅游接待区，各个接待区基本上都紧挨着公路（后沟、宫上除外）。现在各旅游接待区已经有所发展，有些已经建成规模，为进一步建设接待中心打下良好的发展基础。旅游接待区主要接待团队客人和提供标准化服务，与各景区的特色服务相互补充。

1. 上下黄石堂旅游接待区

该接待区包括上黄石堂、下黄石堂以及后沟 3 个自然村。上、下黄石堂村民主要居住在旅游专线公路北侧，有 50 多户，旅馆七八家；后沟村在黄石堂村北面，距公路 500 米左右，现在仅有 1 户人家。

在规划期间，该接待区的主要任务是：

①整理沿途周边的卫生环境，如拆除下黄石堂公路南侧的 4 个厕所，上黄石堂公路南侧的 3 个厕所、2 个猪圈。北侧村民居住集中区内的猪圈搬迁至村后禁山脚下。投资约 8.4 万元。

②在上黄石堂村南和下黄石堂村中靠近河流地方各有一块平台，各修建一个仿古亭子，里面可以出售旅游纪念品或供游客休息。投资 3.2 万元。

③在沿村的河流适宜地段修建拦水坝。投资 0.8 万元。

④下黄石堂与阳坡交界地公路北侧山体很不安全，石块随时可能掉下来，应抓紧治理，具体办法由两个村子协商。

⑤把黄石堂改造为集住宿、餐饮、商业于一体的接待区，主要建筑和重点活动场所要安装夜光设备。通过与后沟村协商，对后沟村房屋进行整修，让黄石堂村民搬去后沟居住，旺季时也可安排游客来此居住。投资约 6.4 万元。

⑥鉴于黄石堂地域狭小，可把停车场建于后沟村外距离上黄石堂村较近的平坦地块上。投资约 4.8 万元。

⑦垃圾收集站建设在村庄的下风下水较隐蔽处，如后沟村深处，以避免视觉污染，由专人负责。投资约 1 万元。

该接待区设计总投资约为 24.6 万元，2008 年由于规划所带来的旅游收益可增加 5 万元，按照 30%速度递增，截至 2012 年底，该接待区从该规划中所获得的旅游总收益为45.2万元。另外，所交各种税金约 5 万元。

2. 朱家营旅游接待区和宫上旅游接待区

由于旅游专线公路穿村而过，因此朱家营自然村基本上家家开旅馆，旺季时都爆满。当前该接待区的主要工作是加强接待管理以完善旅游服务。另外，还需要完成两个主要的建设项目。

（1）加强接待管理

朱家营旅游接待虽然起步较早，但是仍有存在不足的地方，比如朱家营自然村东的“农家乐”旅馆在路南自架的小桥上所挂的“欢迎您到天生桥观光旅游”条幅应撤掉，因为容易使游客造成误解；对各个旅馆应加强管理，避免出现恶意竞争；对餐饮企业加强食品卫生管理，确保游客饮食安全；村南“天福山庄”的开发注重利用当地文化和传统，经验可以借鉴，但客房名称有错误，如“大青村”写成了“大庆村”，应引以为鉴。此外，应该在村内辟出一处房子，作为朱家营村的小型医院，设有治疗室、收费室、取药室、病房、等候室、门诊室、值班室、库房、化验室、仪器检查室等，结合农村现代医疗制度，以便为游客和当地人提供及时和有效的医疗服务。

（2）完善旅游服务

旅游旺季时朱家营自然村接待能力相对不足，而宫上村距离朱家营自然村不过 500 米，进一步开发后旺季时可以接待过剩的游客。但宫上村村口路面坑坑洼洼，需要彻底整理并进行水泥硬化，投资约 4.8 万元。而且整个村子的环境（包括厕所、猪圈等）整理也是改造的重点，投资约 1 万元。把朱家营自然村戏楼南侧开辟为停车场，以解决停车位不足的问题，投资约0.5 万元；扩建朱家营自然村靠近停车场附近的小商店，水果、面包等日常食品，牙膏、针线、药品等生活用品以及核桃、枣、葡萄、山杏等土特产品都要配备齐全，投资约 1.5 万元。垃圾转运站建在村庄的下风下水较隐蔽处，如村西禁山脚下，避免视觉污染，由专人负责，投资约 1 万元。同时接待区的主要建筑和重点活动场所的点亮工程也是完善的重点。

（3）主要建设项目

①在朱家营自然村东侧（山里人家饭馆东侧）的20亩河道附近，通过整理可开辟出自驾车营地。平整清理土地河道之后，河道两侧各立与公路持平的水泥筑的两个桩子，架设4米宽的木板桥，车辆可以通行。河道西南侧土地平整垫高后嵌入式硬化地面，建设一处占地3亩的停车场，停车位2排5列，每排种植高大乔木以遮阴防晒。停车场西侧建设一处公共的环保厕所，由专人负责，要求干净、通风。可以用石块在木桥东侧的河道堆砌水坝，蓄水养鱼，开展垂钓、泛舟、水上竞技等旅游项目。在木桥东南侧按照当地传统建筑风格建设一处2层楼房，为综合服务楼，内部主要有娱乐、餐饮和购物服务，并设有自驾车服务中心。综合服务区东侧约15亩空地建设两个兼观赏、采摘、食用为一体的采摘园，分别是枣园和水果园，采用立体种植，树木下种植香菇、丝瓜、菊花、桂花、黄瓜等。枣园紧挨水坝，面积为8亩左右，种植成熟期不同的各式枣树，有泾渭鲜枣、胎里红枣、龙拐枣、金铃枣、龙须枣、茶壶枣、葫芦枣、磨盘枣、猴头枣、辣椒枣、金梅冬枣等枣树，呼应“枣乡”称号，形成一处特色风景。水果园在枣园南侧面积约为3亩，种植苹果、核桃、梨等果树，开展旅游项目。此外，在水果园正东处建设一处狩猎、娱乐和养殖为一体的活动场所，主要养殖肉鸽、种鹅、柴鸡、野兔等，可开展狩猎、斗鸡、野兔竞技、放飞爱情鸽等参与性较强的活动。

以上项目为招商引资项目，独立核算，总投资约29万元。建成后，3年有望收回成本。招商引资和筹集资金由当地各级政府负责。

②在朱家营自然村台上空地处开辟休闲区，主要满足喜欢安静、独处和浪漫的游客的需要。总体设计为长方形的闭合式院落，中心为一座3层的花坛，围墙材料选择1米高的天然青竹。休闲区分为两个院，前院为北方传统四合院（可参照朱家庵典型山区四合院建筑风格），从正西开始，沿顺时针方向，分别是酒吧、商务区、别墅区和特色餐饮区。后院主要为花园，与前院通过一条水廊相连，各式花卉丰富，植被茂密，在林木深处设有帐篷区、烧烤区、野营服务区等。

以上项目为招商引资项目，独立核算，总投资为12万元，建成后2年有望收回成本。具体招商引资和筹集资金由当地各级政府负责。

2008年由于规划所带来的旅游收益至少可增加8万元，按照30%速度递增，截至2012年底，该接待区从该规划中所获得的旅游总收益为72.3万元。另外，所交各种税金约10万元。

3. 周昌沟旅游接待区

该接待区主要包括两部分，即“天桥人家”旅馆以及“绿色家园”招待所。考虑到都已承包给个人，所以省略投资回报分析。

相对来讲，“天桥人家”旅馆设计较为合理，住宿、餐饮的经营管理较为标准，而且很有特色，建议在村口的水泥路两侧再种植一些花草，美化环境，愉悦身心。

“绿色家园”招待所首先要做的是应仿效“天福山庄”修建简单围墙，大门设计要具有地域特色。在南侧的耕地上修建一排仿古小别墅，四周围以竹栏。房间内精致、干净，房间名称可选择山区特有植物名，如蔷薇、毛榛、油松、花楸、暴马丁香、野玫瑰等，房间内配有该植物的简介和精美图片。在招待所和小别墅之间的河中间建一座木板桥，在招待所南侧围墙上修建一个月亮门，正对着小桥。招待所、别墅、小桥的灯光别具特色，晚上也非常漂亮。在招待所西侧的停车场四周围上栏杆，西北侧正对着上山公路7米高处，竖一长3米、宽1.5米的广告招牌；停车场南侧建3个蒙古包，南侧河道中可建个小型水坝，养虹鳟鱼，北侧离停车场5米处的大石头上建个仿古亭子。此外，停车场处地域开阔，应播放当下流行的歌曲，以吸引游客。

此外，招待所的服务项目应该增加，经过适当装修可以承揽会议、包桌、歌舞表演等。招待所北侧的垃圾应该清除，以后也不能再堆放，同时在招待所高8米处，正对西南下山公路竖一长2米、宽1米的广告牌。撤去招待所二层悬挂的广告条幅，在楼顶两侧高出部分各竖一块介绍服务项目的广告牌，装置灯光系统，晚上也要点亮。

第四节　旅游市场开发与营销规划

一、目标市场细分

1. 按空间细分市场

（1）一级市场

核心市场：保定、石家庄两大地域市场。

主体市场：河北市场、京津市场与山西市场。立足河北，依托京津，西拓山西，全面启动近地旅游客源市场。

（2）二级市场

山东、长江三角洲都市圈、珠江三角洲都市圈市场。

（3）三级市场

一、二级市场以外的其他地区市场。

2. 按旅游目的细分市场

文化体验市场：朱家营旅游区拥有多样化的文化构成，游客可在此感受红色文化、民俗文化和山水休闲文化。

观光游乐市场：游客在此可观赏到青山绿水的美好风光，参与多种主题性休闲娱乐活动。

生态休闲市场：旅游区优越的山水、田园生态可为游人带来高品位的生态休闲满足感。

乡村旅游市场：游客观赏乡村美景，体验乡村民俗，感受乡村生活，获得独特、真实与全面的乡村旅游体验。

度假旅游市场：山地度假、乡村度假、滨水度假、野营度假等多种度假形式可满足游客多元化的度假旅游需求。

运动探险市场：旅游区内可开展漂流、登山等多种运动，原生状态保存完好的山里空间可做深山探险之用。

3. 按出游方式细分市场

自驾车旅游市场：自驾车日渐成为主要的出游方式，这一市场中包含有主要的高端消费群体。

家庭旅游市场：家庭出游和家族出游是最重要的出游方式之一，家庭作为出游市场的构成主体理应成为市场促销的重点对象。

借助旅行社组织的旅游市场：重视企事业单位奖励旅游与旅行社组织的旅游，力争形成长期合作，保证稳定客源。

4. 按年龄细分市场

“一拖二”的儿童、青少年市场——25岁以下：针对儿童和青少年市场的开拓，一方面突出娱乐功能；另一方面突出科普、教育功能，迎合儿童的玩乐心理，满足家庭和社会对孩子的教育需求，可带动家庭出游和修学旅游的发展。

作为“旅游中坚力量”的中青年市场——25～44岁：这一群体拥有实施旅游行为的财力和精力，旅游是对其繁忙的日常工作与生活状态的最好调剂。针对这一市场，旅游区应突出其休闲功能。

“有钱有闲”的中老年市场——45岁以上：“有钱有闲”是这一市场群体的特征，针对这一群体可重点突出旅游区的养生、康体功能。

5. 按联合营销范围细分市场

对内融入天生桥5A景区，成为其有机组成的一部分，实现阜平城南庄红色旅游的承接功能，实施阜平县域旅游目的地的联合打造。

对外力争实现与山西宗教文化旅游胜地五台山的功能承接，借力发展，实现市场的双赢共建。

在以上两项重点联动的基础上，依托省、市旅游主管部门，积极融入保定市与河北省的联合市场促销。

二、旅游市场营销

1. 旅游区形象设计

(1) 旅游区理念识别

理念识别是旅游区内在价值体系的反映，是旅游形象识别的内核。在“以人为本”的核心理念指导下，确定朱家营旅游区的基本理念识别形象为：

乡村度假旅游特色旅游区

山水休闲旅游精品旅游区

（2）旅游区主体形象设计

天生山水　原真乡村

形象阐释：朱家营村位于阜平县天生桥镇，生态环境良好，山环水绕，美景天成，乡村文化原初古朴，历史悠久，民风淳厚。“天生山水、原真乡村”8个字准确地涵盖朱家营旅游区的自然和人文特色，是对旅游区形象的精炼诠释。

（3）旅游区宣传口号设计

休闲度假朱家营　感受自然与亲情
太行深处的香格里拉——朱家营
太行山里人家——朱家营
天生桥乡村休闲度假旅游第一村——朱家营

宣传口号的设计应当充分考虑不同目标市场的需求特点，针对不同的目标市场，可以采用不同的宣传口号。以市场作为口号选取的首要标准，根据市场重心的变化适时调整宣传口号的设计，对旅游区的主题形象定位与宣传口号及时进行注册。

2. 旅游区市场营销

（1）促销目标

贯彻正确的旅游促销策略，建设完善的旅游促销网络，制订完备的旅游促销方案，实现高质量的旅游促销效果。树立“天生山水、原真乡村”的旅游目的地主体形象，快速提升朱家营旅游区的知名度。

（2）促销策略

品牌促销：品牌是一种无形资产，蕴含着游客对旅游区的高度情感认同，对旅游区的发展至关重要。主要表现在：突出旅游产品或服务的特色；树立鲜明的旅游形象；提高游客的购买率；反映旅游企业的综合竞争力；等等。旅游区应当围绕“天生山水、原真乡村”的主体形象实施促销，构建成熟的“朱家营”乡村旅游品牌。

分形促销：根据旅游区的产品结构，结合游客的需求特点，针对不同的细分市场采取不同的促销手段，在满足不同游客市场个性化需求的基础上，达到最佳的促销效果。在产品分形的基础上同时进行空间分形和时间分形，分清重点区域，区分不同时段，实现促销资源的最佳分配。

立体促销：立体促销主要是强调旅游区对促销手段的选择。旅游区的市场促销应当综合运用各种手段，采取全方位的促销攻势，通过各种渠道从不同方面引导游客的消费选择，短期内迅速提升旅游区的市场知名度，成功实施市场引爆。促销方式的选择贯彻全面化与精品化相结合的原则，多而精。

人本促销：一切促销活动归根结底还是与人打交道的过程。“人本促销”是一切促销行为的基本指导思想，一切的宣传和服务都应力求人性化，让游客乐于接受。以人为本、游客满意是维护旅游区形象的根本，游客的口碑宣传是最具亲和力与说服力的宣传，游客的自觉促销才是最高层次的促销。

（3）促销方式和渠道

广告促销：

①在主要客源市场选择影响力大的电视台、广播电台、报刊等媒体平台做广告。

②在主要客源地的大型广场、主要城市道路、火车站、公交车、出租车、灯箱、电话亭、候车亭等处制作户外广告。

③在通往阜平及保定、石家庄、北京、天津、太原等主要客源城市的高速公路入口处、交通干道上选取适当的位置设立大幅广告牌和指示牌。

④借助网络，在“携程”“艺龙”等旅游门户网站及“新浪”“搜狐”等大型门户网站上发布内容丰富、视觉效果强的旅游信息。

公关促销：

①邀请目标市场主要旅行社（旅游公司）的高层主管、国内外有广泛影响的记者和专栏作家等到旅游区参观考察。

②邀请国内外著名公司老总、国内学术界有名望的专家学者、德高望重的社会人士及其他各界名人到旅游区度假。

③授予代表性游客（名人、企业家、记者等）旅游区“荣誉游客”称号。

④邀请在目标市场有影响力的电视台来拍摄旅游专题片及制作各种主题节目，邀请在目标市场有影响力的新闻媒体来旅游区采风。

⑤在“十一”、春节长假及“五一”、端午、中秋、元旦短假期之前，在

主要客源城市组织面向公众的旅游推介活动。

⑥借助河北省旅游协会、导游协会、旅游车船协会等专业社团，每年组织旅行社、饭店、交通公司等召开旅游推介会。

⑦借助政府作用的发挥，委托阜平及保定市政府主要部门或主要领导在国内外大型活动中适时对旅游区进行推介。

⑧聘请旅游形象大使，实施全方位、多层次的宣传促销。

销售激励：

①对游客的激励：采用社区直销或赠送纪念品、宣传品、风情画册、旅游地特产、实物礼品及对游客提供折扣优惠、积分、抽奖等方式。

②对旅游中间商和批发商的激励：以批量折扣、佣金折扣、特许经销的优惠条件及举办各种展览会、业务会议及本地旅游节等方式，将外地旅行社吸引来旅游区，使他们了解旅游区，达成市场推广的合作。

③巧打价格牌广招客源：团队与散客的差价、旺季与淡季的差价、节假日与平日的差价、对回头客实行优惠价、实行月票或年票制、实行会员优惠制、景点联合实行联票制，旅游交通、景点门票和餐饮消费实行套票制，对特定游客群体采用优惠价，等等。

人员推销：

①培养一支业务素质高的市场销售队伍，派遣人员去主要目标客源市场进行整体旅游产品及旅游区形象的宣传。

②与大型企业集团、社会团体、大型社区、高校等建立长期稳定联系，实行专人负责制，建立重点客户名单，实施针对性营销。

③有针对性地参加旅游展销会、旅游交易会、旅游博览会等。

网络促销：

①建立旅游区的专业网站，含中、英文两版，可委托专业设计单位设计制作，建设一个功能齐全又符合旅游区文脉、地脉特色的旅游网站。

②加强市场促销人员的网络知识培训，建设一支专业的网络促销队伍。

③建立客源信息网络数据库，对旅游区的客源信息进行有效疏理。

④在全国性门户网站和搜索引擎、主要客源市场的地方性门户网站、旅游门户网站等建立自己的友情链接。

⑤建立网上预订服务系统，支持预订旅游区门票、住宿、餐饮等，同时也可为游客提供各种交通票务的预订服务。

⑥利用博客、E-mail 等网络渠道进行促销。促销人员可通过 E-mail 与重要客户保持经常性联系，表达问候和提供旅游区的最新信息。

⑦面向旅游中间商、旅游媒体建立即时的旅游信息电子查询系统和旅游信息反馈机制。

⑧关注专题旅游论坛和相关网上论坛的反应，时刻关注旅游区的网上知名度，对潜在的游客发布相关旅游信息，鼓励游客选择朱家营为旅游目的地。

促销材料：

①一般性材料：旅游宣传册、景点导游图、宣传画、挂图等。

②通用材料：明信片、旅游名片等。

③专用促销材料：旅游区介绍光盘、旅游宣传片等。

3. 节庆策划

旅游区的节庆项目不应仅仅定位于辅助性吸引，而应成为旅游区的品牌性亮点。在此理念的指导下，朱家营旅游区的节庆项目可划分为两类：一类是主体性节庆项目，具有固定性，目标是打造节庆品牌；另一类是特色性节庆项目，具有灵活性，不断为旅游区注入新的活力。

（1）养生节

朱家营旅游区环境条件优越，松翠林茂、石奇花艳、水源洁净、碧水长流，常年负离子含量高，附近山体野生形态保持良好，有“百草百花百种药”的说法，是休闲养生的上佳环境。养生节举办时间可以选择在“五一”假期或者是端午节，如果选择“五一”假期，可以借助小长假开启旅游区的旺季市场；如果选择端午节期间举办，可以结合端午节传统文化举办相关活动，营造双重节日气氛。

（2）避暑节

旅游区地处谷地，山水相依，林茂花丽，是夏季休闲避暑的好去处。避暑节的举办一般是选择在夏季最热的时节，这一时节正是暑假期间，也是家庭出游的高峰期，旅游区可重点吸引城市市场。避暑节期间应设计一系列的娱乐互动活动供游客参与，特别是要有适合儿童、青少年参与的活动项目，如可以设计一些与“水”相关的参与性活动，让游客在参与过程中体验快乐与清凉。

（3）红色旅游节

红色旅游节开始时间定于每年 10 月 1 日，持续时间 1 周，与城南庄红色旅游区实施联动，开展游览红色胜地、感受红色文化、体验红色生活、唱响红色歌曲等活动。每年可推出有吸引力的主题项目，重点加强对青少年教育市场的吸引。

（4）采摘节

采摘节是一种广受游客欢迎的参与性节庆互动。旅游区可结合自身的实际情况，考虑是否可以实施成规模的果树种植。一方面，相关果品的销售可以直接为旅游区居民带来直接的经济收入；另一方面，也可结合旅游业的发展，开展相关的采摘活动，丰富乡村旅游的内容。另外，果树的规模化种植还可能形成旅游区的特色景观，如在果树开花期可举办桃花节、梨花节等，形成旅游区的一项特色景观。

此外，在一些传统节日和特殊时段，旅游区可举办相应活动。如清明节，可开展清明踏青、缅怀红色历史活动，春节可开展乡村年文化体验等活动，关键是要视具体情况灵活应对。

第五节　旅游扶贫工程专项规划

以下旅游建设工程资金，主体是由各级政府筹集，基本上不涉及招商引资，因此具体成本回报分析均省略。

一、旅游新村工程

朱家营的部分村庄，如后沟、朱家庵、宫上等自然村交通不畅、信息闭塞，给管理与开发带来诸多不便，而且修缮成本过高，这都直接影响了当地老百姓经济收入的增加。另外，在本规划实施 7 年后，根据预测，旅游旺季时规划中的各度假区以及接待区难以承受增加的游客量。因此，从旅游业长远发展以及当地居民生产生活的角度考虑，朱家营应逐渐建设旅游新村，作为居民搬迁以及接待旅游团队之用。

1. 新村选址

初步确定以下 5 个地点作为新村的备选地点：

①村委会东北角“大地”，大约 20 亩。

②上黄石堂村南“羊圈沟口”，大约40亩。

③上下黄石堂村之间、河道南侧的“平台”，大约40亩。

④朱家庵的“栗树台”，大约12亩。

⑤阳坡村口、河道南侧“上南湾”，大约30亩。

2. 建设原则

(1) 适度商业化

从功能上看，旅游新村既要为居民提供必要的商业设施，也要满足团队游客居住的需要，同时因为新村靠近旅游专线公路，因此不能过于商业化，否则会破坏景区整体风貌，进而会影响游客的游览心情。

(2) 系统设计

各旅游新村的基础设施以及功能应齐全，所设计区域应包括：居住区、商铺、医院、广场、生态厕所、停车场、街心亭、绿化带、路灯、商贸中心、餐饮区、娱乐区、科教中心、休闲区等。

(3) 尊重传统

新村作为景区的一部分，在布局、建筑风格、植被选择等方面应与景区整体风格以及景区主题一致。建议居住区建筑应以当地青砖、白墙、黛瓦为特色的四合院为依据，内外装修、庭院设计、路面材质等符合当地传统。

(4) 特色鲜明

在不破坏总体景区主题风格的基础上，各新村应立足于地方文化，为新村注入不同的文化内涵，通过雕塑、标志、灯具、装修等向游客加以系统展示，在满足游客旅游需要基础上丰富其旅游体验。

(5) 动态保护

团队游客在新村村民家中住宿，真实感受当地习俗，动态保护村民文化传统。

3. 强制内容

①新村距离主公路15米以上；新村各院落按照人均用地130平方米，每户1人、2人、3人、4人等分别设计；新村街道宽度应控制在16米左右，留出3米绿化带。

②每一个新村的院落风格应统一，但村之间可以在符合当地传统的前提下有所差异。

③各村成立管理中心，出台相应规章制度，以加强对村民的管理，尤其

是禁止新村经营与其他景点雷同的旅游项目，对违章建房等加大惩罚力度。

④新村各街道、各设施都应设有显著的旅游标志，根据不同内容和功能，标志大小、颜色、布局、风格应有明确规定。

二、废物处理工程

各景点、各接待区以及各新村均至少建设1～2个小型垃圾收集点，在朱家营村西禁山脚下开辟一处垃圾转运站，配备必要设施设备，统一处理。景区各处垃圾收集点垃圾分类处理后，再经转运站处理，难以分解和处理的垃圾运至东下关镇垃圾填埋场处理；危险废物直接运至县城，由县环卫部门统一处理。

关于污水处理有以下三方面措施：

①出台规章对各单位、人员的破坏水质的行为加大惩罚力度。

②在朱家河下游、小东沟内建中型污水处理场一处。

③从天生桥至门景广场，沿旅游专线公路北侧，构建景区污水排放管线系统，支管、干管、主干管布局要本着隐蔽、实用、经济的原则，同时主干管与东下关污水管线相通。

三、旅游标志工程

整个景区应构建系统的旅游标志系统，包括路标、导游图、灯箱、广告牌、餐饮等旅游企业牌匾及从业人员服装等。标志颜色、位置、大小、风格等要与整体景区风格相协调，在实现其标志主体功能之外，还要具有自身特色且富于美感。

四、点亮工程

整体景区公路沿途每隔50米左右，安置一有中国特色而且象征吉祥的灯笼；各景点的具体路灯造型、大小、颜色要与景点主题一致，在第三节的各功能区设计中已经涉及，不再赘述。

五、绿化工程

河道绿化以及接待区绿化工程在规划第三节已有具体设计，不再赘述。旅游新村的主街道、支路绿化应具体考虑到路面功能，因地制宜。尤其在新村广场、停车场等场所应加大绿化程度。总投资约为75万元，主要由政府负责筹集。

六、集中养殖工程

在朱家营、朱家庵等现住人口较多的自然村落的禁山脚下，各开辟一占地不少于20亩的区域，作为村集中养殖场，村内所养的猪、牛、羊等牲畜统一在此饲养。上黄石堂与后沟相连，而且地域较大，因此所建养殖场规模应至少50亩；作为朱家营中心养殖场，也可托管各村小养殖场，逐步实现朱家营景区集中养殖。

七、其他基础设施建设工程

当地的信号基站等通信设施应随着朱家营乡村旅游发展逐步加以完善；结合朱家营矿泉水资源丰富的优势，可在资金允许的情况下，在三道岭—大青旅游区出口处较平坦的区域建设一矿泉水装罐厂，对外销售矿泉水；通过管道改造，排水系统采用雨水和污水分流方式；在各村以及景点配备足够的消防设备；旅游新村建设中防洪系统设计应为20年一遇标准；完善村电网系统，保证供电可靠性；规划实施5年后，应建设1座锅炉房，逐步实现集中供暖。

第六节　重要节点的设施规划

一、入口节点规划设计

1. 基地现状

入口节点基地为主干道北侧的空闲地，目前为乱石堆放区，基地存在高差限制，需进行平整。

2. 规划设计

基地规划为村庄的入口标志，采用当地清水砖进行垒砌，颜色选取灰、白、红搭配，达到与村庄主色调和建筑材料的一致，在醒目位置标记村庄名称和村庄简单介绍。标志周边进行绿化，达到醒目和吸引人的效果。

二、三角地节点规划设计

1. 基地现状

基地位于村委会南部、河道上部，是三条主干路交叉地段。基地下部有河流穿过，周边有石砌围栏包围，水体周边柴草乱堆，水体质量较差。

2. 规划设计

规划将基地部分填平，使其与道路平齐，作为村民集中活动场所、村文化活动的集中区域使用；其余部分将水体显露，通过亲水平台，达到人与水体的亲近。利用文化长廊展示朱家营的历史名人事迹，提升文化品位。活动用房材料选取当地的石材和木材，达到与周围环境的协调。这样一是为村民提供公共活动场地，二是通过对此处文化长廊及地标性建筑的修建而使其成为朱家营独特的景观节点。

三、滨水节点规划设计

1. 基地现状

滨水节点选址为村庄入口处的河滩，河滩内大部分为村民开垦的农田和自然堆放的石块，地块宽度适宜且高差不大，能够很好地利用周边的河流。

2. 规划设计

规划在基地内将特色产品销售、水上游和别墅区结合，打造村庄内的特色旅游点，加强游客对天生桥景区的第一印象。规划在此地设置特色产品销售一条街、亲水项目、垂钓园等，提高游客停留率。

四、度假村节点规划设计

1. 基地现状

基地紧邻天生桥景区，属于天生桥瀑布群的一部分，存在很多小型的瀑布。基地先前为村民聚居地，由于交通等多方面因素村民现搬迁至别处，目前基地内住宅坍塌，已经无法居住；基地内现有很多古树和古磨，年代久远。

2. 规划设计

规划利用原有村落的村庄肌理，打造富有层次感的度假村形象。将古树、古磨保留，建筑采取白墙红瓦的太行民居形式，达到与环境的协调；同时，将基地内的瀑布群进一步开发，扩大规模，使其与度假村融为一体。

五、星级宾馆节点规划设计

1. 基地现状

基地选址处为村庄耕地，地势高差较小且处于主干道旁，交通便利且位置醒目，紧邻原宾馆和停车场。

2. 规划设计

规划采取组团式布置农家乐方式，主入口位于西侧，方便游客停车，农家乐组团内通过石板硬化和中心广场的设置，为游客提供良好的服务。农家乐建筑采取传统太行民居形式，一层、二层结合布置，错落有致，富于层次感。

第七节　旅游产品项目规划

一、产品设计

1. 设计原则

①突出旅游产品的特色性和唯一性。

②追求旅游产品的形象化和品牌化。

③坚持自然与文化的有机结合。

④达到感知与体验的高度融合。

⑤实现精品化与多元化的默契配合。

2. 开发思路

立足旅游区的资源特色与优势，充分挖掘旅游产品开发潜力，不断丰富产品类型，升级产品结构，创意精品项目，建设精美景观，打造精致品牌，构建一套集观光、休闲和度假功能于一体的综合性旅游产品体系。

3. 旅游产品类型与创意

（1）文化旅游产品

红色文化之旅：游览红色文化圣地，倾听抗日战争故事，感受红色年代生活，参观红色历史遗迹，凭吊革命英烈前辈，参与红色主题活动，了解红色文化传统。

民俗文化之旅：全面感受特色乡村民俗，亲身体验乡村生活民俗，深入了解乡村餐饮民俗，实地接触乡村工艺民俗，立体感悟乡村民俗变迁。

山水文化之旅：山水格局构成了一个地域的空间意境，“山水相依，景观天成”是旅游区自然资源的最大优势，寄情山水之间是一种博大的文化诉求。游客在其中可以观山、游山、吃山、居山、玩山，可以赏水、戏水、居水、饮水、吃水（产）。山水之中文化无限，置身其间就是一种至高的文化境界。

宗教文化之旅：充分开发利用各个自然村中流传的各种关于山、水、树的神话传说，结合当地居民的传统宗教信仰习惯，开发相应的宗教文化景观，形成宗教文化旅游吸引。

乡村文化之旅：旅游区拥有极具代表性的原生态乡村，保留有纯朴的乡土文化特色，展现出时代的乡村文化魅力。游客可以游在乡村、吃在乡村、住在乡村、生活在乡村，感受过去的乡村和现在的乡村，形成对乡村的立体化感知。

养生文化之旅：游客可以身处生态空间，呼吸新鲜空气，饮用天然净水，食用健康食品，进行康体运动。

（2）观光旅游产品

山野观光：看千山竞秀、山峰林立，赏山花烂漫、松翠林茂。

水景观光：流水潺潺，四季不断，顺势流淌，清澈柔美，汇水为潭，似镜如玉，荷花竞艳，鱼动碧渊。

村落观光：看山村风貌，赏乡土建筑，领略红色古村风情，感受时代新村魅力。

农业观光：观赏农园风光，体验农园风情。

人造景观观光：观赏旅游区内设计建造的各种精美景观，如亭、台、桥、榭、潭等。

（3）休闲度假旅游产品

红色主题休闲：体验红色年代生活，参与各种红色主题活动，如进行军事训练、同唱革命歌曲等。

民俗主题休闲：依托居住、餐饮、礼仪、工艺等多元化的民俗文化开展丰富多彩的主题休闲活动，如住乡村民居，吃特色饮食，演示民间传统礼仪，学习制作手工艺品，等等。

山水生态休闲：山水生态休闲可动可静，游客可以登山健身、探险寻奇，体验山谷漂流的刺激；也可以闲处山间，感受清风拂面，静坐水边，品茗观鱼或临水垂钓。

乡村休闲度假：游客可走进地道的太行农家，感受原汁原味的农家生活，结合农业开展各种体验、参与活动，也可以在乡村俱乐部或农家小院，体验高层次的乡野休闲度假感觉。

山野休闲度假：开展各种山地休闲活动，如农园采摘休闲及种类丰富的拓展运动，同时可利用山野自驾营、山间度假别墅等提供开展不同类型的度假服务。

（4）专项旅游产品

康体养生旅游产品：

①饮食养生：利用旅游区内纯天然的水源开发各种饮品，开发食用种类丰富的生态食品。

②药膳养生：种植丹参、何首乌等中草药材，开发药膳养生产品。

③户外康体：游客呼吸旅游区清新的空气，进行各种户外运动。

科普教育旅游产品：游客可以接触旅游区丰富的文化，开展红色修学游、民俗修学游，辨识种类丰富的山野动植物资源，了解有趣的农业知识。

深山探险旅游产品：利用原始生态的深山旅游资源，引导游客开展具有挑战性的深山探险活动。

节庆旅游产品：结合丰富多彩的民间传统节庆资源，立足旅游区差异化的资源优势，举办养生节、避暑节、采摘节、红色旅游节等多元化、特色化的节庆活动。

4. 产品线路组织

（1）旅游区内部线路组织

一日游：朱家营乡村观光、休闲。

二日游：第一天，朱家营乡村观光、娱乐、住宿；第二天，游览天生桥国家地质公园。

（2）区域组合线路组织

朱家营乡村旅游—天生桥国家地质公园—晋察冀边区革命纪念馆。

五台山旅游区—朱家营乡村旅游—天生桥国家地质公园—晋察冀边区革

命纪念馆。

二、购品开发

1. 购品开发原则

突出地方特色原则：对地方特色产品进行深入挖掘、精致化开发。

注重便携性原则：尽量质量轻、体积小、便于携带。

强调安全性原则：不会对游客构成任何伤害。

建设品牌性原则：以“朱家营”为商标品牌，统一注册，形成独有的优势。

另外，旅游购品应反映目的地形象，禁止伪劣商品生产及经销；应符合国家文物管理规定和其他商品管理规定。

2. 旅游购品设计

（1）文化购品系列

①品牌类购品。围绕“农家养生”的品牌形象，设计旅游区的品牌形象标志，制作宣传册、标牌、胸针、领带夹、标签、贴画等纪念品，开发印有品牌标志的手提袋、T恤衫、帽子等旅行用品，以品牌标志作为旅游区购物品的品牌商标，构建一套完善的品牌类购品体系。

②红色文化购品。

生活用品系列：书包、草鞋等。

战斗用品系列：武器模型及其他战斗用品模型。

人物购品系列：用石、木、铜或其他材质制作的战士形象模型；名人纪念章、纪念册、纪念画等。

书籍系列：关于革命历史事件、历史人物、军事知识等的各类书籍。

③石文化购品。

石生活用品系列：石碗、石锅、石臼、磨脚石、石梳、石时钟等。

石工艺品系列：石笔筒、石烟缸、石佛、石风水球、石象棋、石花瓶、石盆景及其他各类模型，如石磨、石碾、石车、石屋等。

（2）特色饮食产品系列

①农业产品。阜平是河北省农副产品出口基地县，农副产品种类多。阜平大枣驰名中外，有“天然维生素丸”之称，富含氨基酸，具有较高的养生价值，除可以直接食用外，现已加工成蜜枣、饮料、枣酒、枣面、枣茶、枣

酱、枣罐头、枣香精等8大系列30多个品种，深受消费者欢迎。此外，这里的核桃、板栗、花椒也是出口的名牌产品，都是乡村旅游特色购品，可统一标注“山里人家”品牌。地瓜、土豆、玉米、小米等当地农副产品也可以经过包装后直接出售，或制作成酱、粉、干或饽饽、煎饼、小豆腐等特色食品，一部分供游客在旅游区食用，另一部分则包装好，供游客购买带走。

②特色小吃。开发本地具有代表性的传统名吃，如阜平肘子等，在制作工艺和包装设计上面多下功夫，方便游客购买、携带。

（3）旅游用品系列

导游图、导游手册以及景区VCD（影音光碟）和DVD（高密度数字视频光盘）等音像制品。

望远镜：游客在登高望远时使用，购买、租用均可。

野营用具：包括炉具、套锅/餐具、防潮/自充气垫、饮水用具等。

烧烤用品：有烧烤架、烧烤刷、烧烤叉、烧烤铲等。

（4）旅游纪念品系列

有关旅游区的字画、书籍、明信片、信封、纪念章；与旅游区特殊节庆或事件有关的纪念章、纪念册、帽子、水杯等。

3. 旅游购物网点建设要点

购物网点的布局应力求合理，能有效地维护景观氛围。购物网点的建筑造型、色彩、材质应具有地方特色，力争与景观环境相协调。购物网点的布局应避免抢占游客道路和景观空间。

购物网点以销售具有本地区或本旅游区特色的旅游商品为主，种类应力求丰富多样。

对购物商品市场实行有序管理。管理部门应在质量、价格、税收方面对网点实行集中管理，对商业经营从业人员进行有效管理。经营者应佩戴胸卡亮照经营，不得尾随或围追兜售以及强买强卖，商品应明码实价，不得对游客进行价格欺诈。管理部门对购物网点的市场违规事件的处理应公正、迅速，并记录完整。

第八节　从业人员培训规划

旅游业涉及的行业和要素较多，且绝大多数属于服务业。旅游业作为一项沟通情感的产业，其从业者素质如何直接影响着旅游业的水平高低。朱家营乡村旅游开发中从业者主要来自当地农民，由于受教育程度、知识面以及信息普及等方面的限制，以旅游业一般标准来衡量，他们的综合素质还有待进一步提高。这也是影响朱家营乡村旅游发展的关键问题。从业人员培养、培训的主要费用由政府筹集，基本不涉及招商引资，因此具体成本回报分析省略。

一、基础素质

基础素质主要包括思想观念、教育水平、文化常识、简单外语水平、基本技能等方面。

1. 思想观念

当前朱家营普遍存在两种不利于乡村旅游发展的观念，一是封闭观念，体现为不理解旅游业发展，不参与旅游业发展，不欢迎游客。二是狭隘的经济观念，体现为过分赢利性、过度商业化、过激附会性。朱家营乡村旅游主管机构应通过积极引导、塑造典型、奖罚并重等方式，避免和改变以上两种不良思想，树立科学、文明、健康、和谐的旅游发展观念，以促进朱家营乡村旅游快速、良性、持久发展。

2. 教育水平

当前朱家营村受教育群体主要是青少年，而参与乡村旅游的服务主体则主要是中年人和青年人，所以当地乡村旅游从业者教育水平普遍较低，绝大多数仅为小学水平，这影响到他们从业素质的进一步提高，而且也不利于其旅游工作的顺利开展。因此，东下关以及朱家营当地政府或旅游管委会应拿出部分收入用于从业者教育水平的提高。考虑到农村实际，培训形式、培训时间、培训地点以及培训考核等可以根据从业者实际灵活安排。

3. 文化常识

游客来自社会各行各业，受教育程度、知识层面千差万别，因此如果从业者不具备丰富的文化常识就很难与游客有良好的沟通。朱家营从事乡村旅游服务的人员往往都是农民，囿于村里的现实条件，这些从业者在知识的日常积累方面很难达到游客的普遍需要。这就要求朱家营各级乡村旅游的管理机构应把提高从业者文化常识的工作作为一项系统且长期的任务来抓，采取多种喜闻乐见的形式定期或不定期地向农民介绍各种文化常识。

4. 简单外语水平

乡村旅游发展得好的地区往往位于大城市郊区，如北京的郊县、成都的郊县。现在随着我国国际交往的加强，北京、天津、石家庄、保定等大中城市中的外国人越来越多，而他们对中国特有的农村习俗、风貌尤为感兴趣，因此基于京津冀的区位优势，外籍游客也是朱家营乡村旅游发展所关注的重要目标群体之一。当地应通过各种集中的短期辅导和培训，使当地旅游从业者掌握一些可与外籍游客交流的基本的交际用语，如欢迎、讨价、指路等。

5. 基本技能

旅游行业有别于一般行业，其对从业者有最基本的技能要求，主要体现在表达能力、人际交往能力、应变能力以及具体的服务技能，如相机的使用技巧、婴儿和老人的护理等。朱家营乡村旅游的开展需要从业者尽可能掌握这些最基本的技能，以为游客提供周到且满意的服务。朱家营各级主管部门在乡村旅游从业人员选拔、培训上要有针对性，立足当地实际，使其能尽快适应工作。

二、行业素质

1. 熟悉当地景点以及设施情况

由于朱家营乡村旅游发展较晚，导游图、示意图等旅游解说系统普遍还不完善，因此乡村旅游从业者乃至所有村民都不同程度扮演着解说员的角色。因此，朱家营主管机构应对从业者乃至全体村民开展介绍宣传活动，力求每个人都能做到熟悉各景点乃至设施的位置、特点、注意事项等，以便提高游客游览的效率。

2. 了解旅游相关知识

乡村旅游从业者不了解旅游业快速发展的大好形势，不会安心工作；不了解游客心理变化规律，不能提供满意服务；不了解游客行为特征，不会搞好组织接待。朱家营各级管理部门应选择合适的时间，聘请地方高校旅游专业教师，对从业者进行旅游概论、旅游心理、旅游行为、旅游开发、旅游影响等专题辅导，以使从业者熟悉旅游业特征和游客行为，进而促进乡村旅游的发展。

3. 礼仪规范

由乡村务农到服务游客的转变，关键体现在礼仪、礼貌方面。乡土民风是朱家营乡村旅游发展的重要氛围，如能以一种都市游客更能接受的方式来展示其热情、纯朴、好客的话，无疑朱家营乡村旅游将更具吸引力。因此，在保证原汁原味的乡土气息的前提下，应对旅游从业者加强礼仪规范方面的管理，主要体现在指导其使用礼貌用语、穿戴整洁干净、时常面带微笑等方面。

三、职业素质

1. 旅游服务业职业道德

乡村旅游的快速发展不可避免地会在一定程度上减弱朱家营村传统道德、习俗对当地人行为的约束，而短期内规范的乡村旅游职业道德又难以确立，在这“青黄不接”的时期，当地可能会出现坑骗、诱导、拉客、宰客等有损游客利益的不良现象，因此应成立乡村旅游的专门监管和督察机构，同时制定相应的规章制度，以规范从业者行为，保证乡村旅游健康发展。

2. 岗位素质

旅游业涉及行业众多，有餐饮、住宿、交通、娱乐、治安、卫生等，每个领域又容纳了众多岗位，如住宿业中就有主管、行李员、保洁员、收银员、接线员、大堂经理等不下 30 多个岗位。每个岗位都有自己明确的权力和责任，应通过旅游企业内部培训让员工熟悉其岗位的重要性、特点以及权责关系，以使其做好本职工作，进一步提高旅游企业和朱家营乡村旅游效益。

3. 企业文化

每个旅游企业都应有自己独特且鲜明的企业文化，这是保证和增强其吸引力的内在源泉。而企业文化的主要载体正是每一个员工。因此，乡村旅游企业应综合采用多种方式，让每个员工清楚、理解、内化其企业文化，以更好展示企业形象和增强团队凝聚力。

第九节 村庄风貌及建筑风貌控制规划

一、村庄风貌现状

1. 水

村庄水体清澈，流线曲中有直，部分水中石头布置具有自然性和原生态性，但水体周边存在垃圾堆放现象，需整治。另外，部分地段水体与周边地势不协调。

2. 环境

村庄环境包括建筑环境、生态环境和人文环境。村庄建筑环境现缺乏统一规划，存在新老建筑颜色、风格差异，建筑肌理未能体现出当地特色；村庄生态环境与村域内周边山体不协调，缺乏村庄内部房前屋后绿化及道路水体周边绿化；村庄人文环境，缺乏统一的服务意识培训，不能达到景区服务业的要求。

3. 村庄建筑及其他

①村庄建筑风格各异，一些现代建筑在一定程度上破坏了村庄整体和谐性。

②民风淳朴，村民对乡村田园风光的旅游开发意识强烈。

③村民保护乡村田园风光和生态保护意识较差，有待加强宣传与思想教育来提高。

二、整治原则

1. 和谐共存原则

一方面让游客在享受休闲娱乐的同时，能感受大自然的美；另一方面，使自然功能和可持续利用得到重点体现，达到人与自然的共生及邻里之间的和谐。实行退耕还林、绿化造林，通过绿化规划优化环境。

2. 场地吻合原则

遵循场地性质，倾听场所声音，使得场所活动既服务于人，又与自然环境之间关系融洽。

3. 自然生长原则

无论是自然生态还是人文生态，都应在发展中保持一种平衡，既不因人而破坏自然生态，也不因自然生态而阻止人的发展，追求双方自然生长。

三、建筑风貌控制规划

1. 农家庭院设计

景区内的农家庭院是景区建筑的重要组成部分，庭院环境与周边的村庄环境应保持一致，并包含原汁原味的山村庭院要素。院落内种植果木，布置农家庭院的休憩设施并稍加修饰，保证设施的简洁、实用。根据旅游需求将现有民居改造成兼具居住与旅游接待功能的民居，建筑形式以保护为主，以恢复为辅。

2. 建筑材料设计

充分体现自然、休闲、朴素、简洁的风格；尽量采用天然材料，就地取材；室内装饰采用无毒、无害、无放射线、有益健康、对环境污染小的材料和产品。

3. 主要建筑设计

村庄内建筑通过屋顶形式的更换、墙体的粉刷和新建建筑风格的控制，达到村庄建筑风貌的统一。村庄内建筑的设计采取传统太行民居的屋顶形式和白墙灰瓦的建筑风格，突出景区建筑特色。

四、设施景观化说明

景区内的各项设施建设均要符合自然、生态的风格，设施建筑的材料以采用当地的乡村材料为主，以使景观设施与景区风格取得自然的一致性。

1. 垃圾箱

按照环保要求设置垃圾箱，每 80 米设置一处，造型要与环境相协调。

2. 指示说明牌

指示说明牌依托当地的乡土材料设计，高度为 1.5 米至 1.8 米。

3. 路灯照明

以简洁化、人性化为设计原则，可与指示说明牌或垃圾箱结合起来设计。

4. 公厕

根据地形、人流量确定公厕的建筑体量，建筑设计简洁、生态、景观化并兼具生态性。公厕数量与接待能力相适应，设计与周边环境相协调；男、女厕所分开设置，厕位各不少于2个，冲洗设备齐全完好；有残疾人专用的厕位；具备辅助设施，如手纸架、洗手池、镜台等。

五、绿化规划

在植物的配置上，多采用乡土树种和优良观赏树种，高低错落、层次丰富，改变以前相对单调的景观特征，重视植物栽植和培育，利用植物的密度大小直接影响绿化景观设计和环境功能的发挥。统一培植植被，合理保护和利用周边环境。

第十节　旅游解说系统规划

一、自导式解说系统

1. 类型

一般情况下，旅游解说系统是指自导式解说系统。它是由书面材料、标准公共信息图形符号、语音等无生命设施、设备向游客提供静态的、被动的信息服务。它的形式多样，包括音视设备、标志、牌示、模型与沙盘、出版物、自导式步道、互联网、游客中心及展示设施等，其中标志和牌示是最主要的表达方式。

自导式解说内容一般都经过了精心挑选和设计，具有较强的科学性和权威性。游客获取自导式解说信息没有时间上的限制，他们可以根据自己的爱好、兴趣和体力自由决定获取信息的时间长短和深度。

2. 参考操作

出版一本《天生桥景区朱家营乡村旅游手册》。基本内容包括：天生桥景区概况；朱家营乡村旅游核心区景点介绍（附精美图片）、区内游览路线；到达朱家营的交通路线及交通工具介绍；朱家营旅游服务设施、管理机构介绍及住宿、餐饮、娱乐信息等。

在周末以及旅游旺季大力促销这本《手册》，不仅会给游客带来方便，还会让游客在游玩后留下美好的回忆，更为朱家营以后的乡村旅游以及节庆活动发展创造出大量潜在的游客群。

同时，在村口设置大型电子屏，放映相关宣传片及农家乐住宿信息通报和旅游商品广告。

二、牌示解说系统

1. 类型

解说牌是解说服务中应用最广泛的一类设施。景点的解说牌示分为全景牌示、指路牌示、景点牌示、忠告牌示、服务牌示等。景点牌示体现解说系统的服务与教育、管理功能。

（1）全景牌示

全景示意图是景区旅游整体形象对游客的第一次展现，因而也是策划、设计的重点，制作要精致。在景区入口处，设置大型“景区旅游导游图”平面图，通过该图向游客展示旅游区的总体布局和景点、道路、交通、服务设施（住宿、餐饮、娱乐等）的分布。

在旅游区内各主要景点内的主要游径沿途分别设置若干小型标明所在位置的导游图，除了包含区域示意图应有的内容外，还应以标出“你在这里”字样标出游客所在位置，帮助游客快速定位，并获取所需要的信息。

（2）指路牌示

向游客清晰地、直接地标示出方向、前方目标、距目标的距离和步行所需时间等要素。有时指路牌示可以包含一个或多个目标地的信息。

（3）景点牌示

景点牌示用以说明单个景点的性质、特色、历史、内涵等信息，可以体现解说系统的教育功能，对游客具有较强的吸引力，因此游客愿意花较多时间阅读这类牌示。

（4）忠告牌示

即告知游客各种安全注意事项和禁止游客不良行为的牌示，此种牌示多用红色。

（5）服务牌示

服务牌示主要指服务功能建筑物的引导牌示，包括厕所、餐厅、休息处、停车场、游客服务中心等牌示。

2. 标牌的制作

标牌的制作一定要富有创意，以下是标牌设计制作的建议。

①标牌的外形要独特，富有创意，以便先从视觉感官上立刻吸引游客的注意力，从而为游客顺利完成自我教育创造有利条件。

②景区内各主要旅游点的标牌在外形上要有一定的差异，能使游客产生新鲜感，但在各主要景区内部要使用同一规格的解说牌。

③标牌的颜色要选择能配合环境的颜色。除了警告及管制标志（警告、禁止、限制等）常使用较醒目的原色外，标牌所选择的颜色必须使标牌更容易被游客看到，但又不会破坏整体环境的协调感，同时要注意文字与标牌背景的色彩要搭配得当。

④标牌文字的设计要考虑其大小、字体、字间距等，以方便游客阅读，不致产生视觉疲劳。

⑤标牌的材料要耐用，对自然和人为的破坏具有一定的自我保护功能。

⑥标牌的大小、高度设计既要方便游客阅读，又要与周围的景致相宜。

⑦从整体效果来讲，要尽量使每一个标牌都能成为一件小的艺术品，从而增添朱家营旅游的文化品位。

⑧制订维修计划，标牌是管理机构与游客沟通和接触的媒介，应尽量使其完美。

第十一节　农家经营培训服务保障规划

一、农家乐服务培训的重要意义

农家乐是指以农户为单位从事个体经营的旅游接待服务。由于其经营方式灵活，能根据游客市场的变化随时调整经营模式、改变经营策略，也能根据不同游客的需要灵活地提供不同的特色服务，因此深受游客的喜爱，也为农家自己创造了生存和发展空间。

农家乐经营发展依赖两大环境条件。一是硬件方面的环境条件：优美的乡村环境是游客认可的首选。二是软件方面的环境条件：优质特色的服务是回头客和口碑客源的保障。因此，本规划前面的部分主要针对硬件基础环境条件的提升改造。本节则针对经营服务做规划说明。

目前，农家乐经营中发现的主要问题有：

（1）卫生方面的问题

比如，冷食品制作间和更衣间配套设施不够，餐具洗涤场所和餐具消毒设备不齐全，防尘防蝇等环保设施匮乏，很多农家乐经营场所没有卫生许可证和营业执照，很多从业人员没有健康证。另外，一些游客甚至现场购买农家乐里还在饲养的猪、羊、狗、鸡、鸭等畜禽，要求现场宰杀后烹饪。这种做法实际上隐藏着不少问题，现场宰杀的畜禽几乎没有经过检验检疫部门的检疫，直接食用并不安全。

（2）消防隐患问题

各地的农家乐以自建为多，很多房屋本是民用房，未经建筑防火审核。

（3）服务问题

农家乐虽发展比较长的一段时间了，但服务提升依然是最大难题，服务“短腿”日渐凸现。例如，上菜慢、车辆停放管理无序等。有的甚至连固定停放车辆的位置也没有，大部分都是依路停靠和随意停放。

这些问题的解决依赖于农家乐服务理念的提升以及村庄建筑等基础环境的改善。

二、农家旅游经营理念要点

1. 突出“农”味、尽展“土”色

“乡土味”是农家乐的特色，也是农家乐的根。“原始、生态、新奇”的特点已经成为游客追求的生态旅游新时尚，所以在经营时不妨迎合顾客的需求，吸引客源。食材供应要新鲜，土法烹饪效果好。蔬菜是农民自家菜园里现摘的，鱼是从水塘里现捕的。游客可以自己去采摘、打捞。农家菜的特色是原汁原味、淳朴自然，所以不要盲目学习宾馆的菜肴，少加调味料，保留传统柴火灶头，采用农家的传统做法。

房前屋后多绿化，农村旧物是宝贝。村子周边的山林、竹林是天然的资源，房前屋后要基于周边环境相应绿化、美化。此外，不要认为农村的旧东西会被都市人笑话，这些旧物最珍贵，最能吸引都市人来农家游玩，所以要保留、恢复旧的农具、炊具、生活用品。

2. 布置装修有门道

习惯了城里的高楼林立，看惯了现代化人工景物，秀美的田园风光、久违的新鲜空气、自然纯朴的农家生活成了都市人的向往。所以，在选择布置装修时，要与城市区别开来，尽量做到回归自然。

农家小院筑围墙，地面硬化要慎重。用低矮的砖墙或者竹篱笆将院子围起，给人一种神秘感，吸引游客走进院子来看看。铺上石子小路，院内种上花草、果树、蔬菜等。要告别以前农村“雨天一身泥，晴天一身灰”的状况，但是该保留泥地的地方还是应该留出空地，铺上青砖，种上植物，撒上草籽，不要一味水泥硬化。

客房的墙上可以布置一些自制的小装饰品，如竹编工艺品等。每天免费为房客提供一两种自家种的水果。

3. 优质服务是关键

顾客是上帝，经营者要时时处处为顾客着想，全力营造一种“宾至如归”的良好氛围，使游客有一种到家的温馨感、舒适感和安全感，遵循这样的服务理念才能留住客人。

待客犹如自家亲，游客安全放第一。要把游客当成远道而来的亲人来招待，让游客在亲切温馨的氛围中体验农家生活。在日常的服务上，要注意保障游客的财物安全和人身安全，如发生突发状况，要时刻考虑将游客的安全放在第一位。此外，农家乐最好备有应急小药箱。

4. 市场营销有讲究

各家各户应该打破界限抱团经营。全村农家乐依赖同一片资源、同一个自然环境，不能单打独斗，更加不能相互争抢客源，要团结协作、互帮互助。各村农家乐要整体营销，要整体统一包装、统一对外宣传。

三、餐饮经营服务要点

1. 服务人性化

勤劳朴实、热情好客是中华民族的传统美德。在远离市场竞争的乡村，村民大多心地善良、淳朴憨厚，但是随着游客数量和接待次数的增加，许多开展农家乐旅游服务的家庭住户的管理人员（一般是户主）会暴露出服务水平不高、服务意识不足之处，往往会造成无论是哪位客人的要求、不管是什么要求、能不能够达到的要求都满口答应，但是由于农家住户服务人员较少，一旦忙起来，客人的要求不能够及时满足，这就会给客人不好的印象。其实，农家乐的服务人员不能一味迁就客人而勉强为难自己，而要学会合理拒绝客人，尤其是拒绝在现有条件下很难满足的要求。同时在客人用餐时，服务人员不能远离，要及时为客人提供服务。

2. 器具统一化

与居家自用不同，游客用餐讲究的是协调与舒适。现在的许多农家乐餐馆使用餐桌、餐椅、餐具并不统一，往往在一家可以看见颜色、式样各异的桌子和椅子，一个餐桌上可以看到大大小小的盘子、高高低低的碗，塑料的、搪瓷的、铁质的混用，给人以不整洁之感。因此，农家乐需要根据自己的接待能力配备相应数量的餐具和器皿，如果可以使用具有地方特色的餐具效果会更好。

3. 卫生安全化

农家乐的厨房内生菜与熟菜应分开放置，存储面粉、米、油、调料等的储藏间也要防潮、防鼠、防霉变，同时仓库要禁止外人出入。农家乐最好是有专门的餐厅，条件达不到的也可以将自家庭院开辟出来，但庭院用作餐厅需要做好灭蝇、灭蚊、防尘、防风沙处理。

4. 菜肴本土化

农家餐馆并不是越高档越好，菜的品种并不是越贵越好。农家乐的菜肴应以民间菜和农家菜为主，突出民间、农家的特色，并且在此基础上有所发展和创新。农家乐的菜肴要立足农村就地取材，尽量采用农家特有的、城里难以见到的烹饪原料。除了农村特有的土鸡、土鸭以及各种时令鲜蔬外，还应广泛采用各种当地土特产。主食也应该充分体现出农家的特色，例如，可制作诸如“玉米粒焖饭”（俗称“金裹银”）、“腊肉豌豆焖饭”“红苕（或南瓜）焖饭”、发糕、叶儿粑、粽子、土豆饼、红苕饼、玉米饼，以及煮玉米、煮红苕、煮土豆之类的小吃和面点。

5. 质量标准化

农家餐馆的菜单要相对稳定，同一时期的招牌菜和特色菜数量和菜量要差不多，口味也要尽量统一。农家餐馆要体现经济实惠。

农家乐餐饮经营除了要在以上几个方面下功夫以外，还应该进一步提高烹饪技艺，同时在条件允许的情况下对菜肴进行适当的文化包装。只有这样，才能使农家乐的经营迈上一个新台阶，最终将农家乐办成人人喜爱的休闲度假好去处。

四、家庭旅馆客房服务要点

1. 家庭旅馆服务特点

（1）省钱

在同档品质下，家庭旅馆的费用比宾馆便宜30%～70%，活动空间却更大。

（2）舒适

均备齐包括床铺被褥在内的居家必须用品。游客放下行李即可入住，就像回到自己的家，尽享家的温馨与方便。

（3）自助

游客可以按自己的习惯和喜好洗衣、做饭、打扫卫生，拥有完全私密的独立空间，不受外界干扰。

（4）灵活

因为租期完全灵活，游客可随意安排自己的行程，而不必担心诸如“房租没到期”等棘手的问题。

2. 客房服务标准

房间及时清洁，接到通知或客人离开房间后，第一时间清扫。清扫时应注意：注意清点客房的物品，包括床上用品及洗浴用品（旅馆的财产）；客人的本册、文件、杂志等稍加整理；不可随意扔掉放于桌上、床头柜或床上的纸张；睡衣、裤、袍叠好放于枕边，西服用衣架挂好；贵重物品不要动；禁止翻动客人物品，如杂志等其他用品；检查电器。

第十二节　旅游管理规划

由于景区从业者绝大多数为当地村民，而且大部分规划区域刚刚运行，所以加强管理非常必要。主要费用由政府筹集，基本上不涉及招商引资，因此具体成本回报分析省略。

一、建立二级管理委员会

近期成立景区和景点管理委员会，组织结构如图 1-12-1 所示，中远期力图成立朱家营旅游有限公司。景区管理委员会主要由朱家营村村干部、旅游专家、景点主要承包者、旅游主管部门官员、村民代表来组成，主要负责景区道路、通信、土地规划、项目审批、招商引资等工作，但涉及景点内部经营事务则由各景点管理委员会处理。景点管理委员会由承包者、村民代表以及自然村的干部等组成。每年各景点和经营者上缴管委会 1%收入作为管理基金，景区管理委员会再按 50%的比例下拨给景点管理委员会，由其支配。

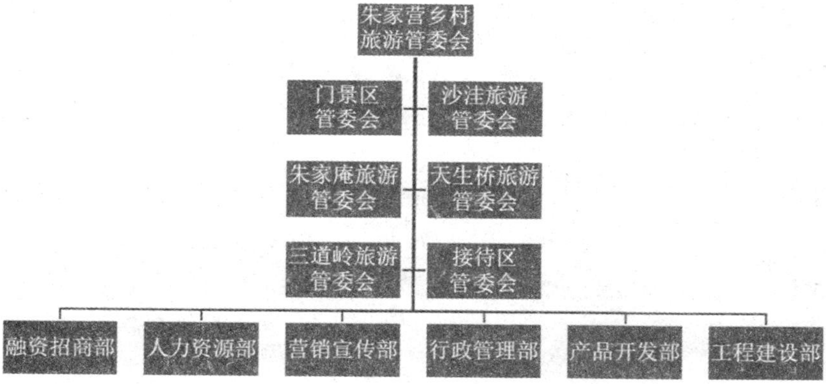

图 1-12-1　朱家营村乡村旅游管委会组织结构图

根据各景点的特殊性和实际需要，各级管委员应制定并严格执行管理规章，定期检查执行情况。对接待区的管理重点，如农家乐服务规范、价格制定标准、卫生环境整治、餐饮安全检查、服务质量评价等项目，定期开展“餐饮、旅馆星级评定”，挂牌奖励和物质奖励相结合。

二、注重高层次人才培养

朱家营村村民普遍受教育水平低，缺乏必要的旅游从业技能，在对各级管理者基本管理素质辅导的基础上，在旅游淡季应采取进修、脱产、集中等多种方式对管理者积极开展旅游管理方面的教育，以尽快培养各层次技术骨干和管理人员，为乡村旅游的可持续发展注入持久的活力。培训地点选择在村小学内（当前小学有校舍闲置）。主讲教师可聘请附近熟悉景区情况的高校和旅游专家以及当地优秀的旅游从业者担任。同时，建立旅游从业资格准入制度，凡经过培训仍达不到要求的，应果断淘汰。除了内部培养外还应积极引进外部优秀的农业科技专家、旅游高层管理人才以及掌握传统手工艺的民间艺术家。

三、加强环境保护

通过广泛宣传和实时监测、奖罚并用，确保朱家营村自然景观、人文景观以及传统文化不致遭到毁灭性破坏，并通过植树育林、改进品种、退坡还草等措施，增强本景区自然景观开发的持久潜力。同时加强传统文化的宣传教育，在中小学开展民间文化艺术课程，以及对民俗表演挂牌管理，防治过度庸俗化和商业化。

四、多元化融资

朱家营村经济基础相对薄弱，而项目的前期资金投入较大，因此应结合当前我国社会主义新农村建设的大好形势，积极争取上级拨款。而且融资方式也可以多元化，如银行贷款、社会集资、招商引资、外商投资、社会捐赠、个人出资等，以加快朱家营乡村旅游发展。

第二章 文化依托型
乡村旅游扶贫规划：曲阳县羊平村

本规划由原曲阳县旅游局委托河北大学旅游研究中心于2008年3月完成。此项目主持人为邢慧斌教授，参加成员有王玉成、曾磊、史玉江、王子新、李加林等人。①

第一节 项目背景

一、曲阳县羊平村概况

曲阳县位于华北平原西部、太行山东麓，因地处古北岳恒山（今大茂山）弯曲的阳面而得名，属暖温带大陆性季风气候。北距保定市75公里、北京190公里，南距石家庄72公里，东临107国道、京广铁路、京深高速公路，县内有定龙公路、京赞路、保阜路穿境而过。曲阳凭借其丰富的旅游资源，旅游业发展迅速。

曲阳雕刻源远流长、技艺精湛，迄今已有2 000多年历史，已被列入国家和省级非物质文化遗产名录。曲阳所辖14个乡、4个镇中，羊平镇紧邻曲阳县城，是曲阳雕刻的源头，也是现在曲阳雕刻最为集中、发展最快的地区。

---

① 本规划于2008年完成。为保证规划的完整性，本书中本规划的数据等仍以规划编制时间的情况为准，并未更新数据。

北起县城，南至羊平村的雕刻长廊的落成更为羊平村雕刻业的发展插上了腾飞的翅膀。羊平镇雕刻园区已被列为河北省乡村旅游示范点之一。

羊平村分为西村和东村，共有2 690户（截至2007年底）、12 127人。由于区位和资源的优势，羊平雕刻企业几乎都集中在耕地面积为105公顷、总面积近3 000亩的北村。西羊平北村为羊平镇政府所在地，男性村民几乎都在从事雕刻、采石等与雕刻有关的工作。该村村民的年人均收入达到3 765元，在羊平镇最高。羊平北村西侧即是孕育曲阳雕刻及盛产汉白玉、雪花白等优质雕刻石材的黄山，状若银龙。山上寺院遗址较多，据说共有8处，称为八会寺。八会寺在当地以及附近市县影响很大，为“曲阳八景”之一。每逢九月初九、四月初六以及正月十六，山上有庙会，拜佛、进香的人满山遍野，而且平时烧香的人也络绎不绝。现在八会寺遗址修复工程已经动工建设，相关建设费用已经立项拨付。

二、规划范围

本规划范围以曲新公路为主轴，北起曲阳雕刻城牌楼，南至羊平车站，是全长约10公里的雕刻产业带。

重点规划范围由三个区域构成：

①雕刻长廊北段区域，即北起雕刻牌楼，南至雕刻学校南行100米，离曲新公路拐弯处15米的沿途公路两侧40米的道路以及绿化带外100米的建设控制带。

②羊平雕刻区，即北起羊平开发区牌楼，南至羊平汽车站，东至羊平新城（拟建），西至黄山。

③八会寺山下的黄石广场，东至曲新路，西至八会寺，北至石料厂，南至黄石公祠堂（筹建中）。

三、规划目的

通过本规划的实施，打造北方雕刻特色旅游品牌，绿化、亮化、美化羊平村，推动羊平雕刻业更快更好发展，形成旅游业与雕刻业相互推进、良性互动，以取得经济、社会、文化、环境的综合效益。

四、规划原则

1. 商旅互动

雕刻业是羊平村的经济主导产业，也是其之所以具有旅游吸引力的源泉。应在深入挖掘雕刻文化资源的基础上，充分利用羊平村已有的雕刻知名度和美誉度以及雕刻长廊、大厅、企业、广场等场所，定期举办雕刻艺术节、雕刻展销会，大力发展雕刻特色旅游。在旅游业发展的推动下，羊平村乃至曲阳县雕刻的社会影响力也会不断扩大，道路、绿化、水电、环保、餐饮、住宿、商贸等产业环境也会逐步完善，最终实现雕刻业与旅游业的良性互动。

2. 立足文化

文化是旅游发展的灵魂，对于依托传统文化——石雕的羊平特色旅游来讲更是如此。因此，规划应深入挖掘曲阳雕刻历史、文化以及在演进过程中的风格变化，同时搜集整理相关传说、史迹、文物，加工整理后融入羊平旅游项目的设计、旅游纪念品的设计、旅游设施和环境的建设中，提升羊平旅游的内涵以及为其持久发展注入活力。

3. 系统设计

羊平经济发展迅速得益于雕刻，但针对旅游发展来说，从环境到布局等诸多方面仍有待改善。本规划从项目策划、线路设计、环境治理、纪念品开发、经营管理等方面对羊平旅游开发进行了系统设计，对吃、住、行、游、购、娱旅游六要素均进行了详细筹划，以增强规划实施的操作性和指导性。

4. 动态参与

游客体验的丰富程度与项目的参与度密切相关。雕刻作为一项技术性强的工艺，只有游客亲自实践，才能领会其真正乐趣。羊平在曲新公路两侧分布的众多雕刻工厂为游客参与雕刻提供了可能。项目规划从游客需求入手，使游客参与到各个旅游项目和活动中去，以增强其体验感。

5. 平衡效益

本规划在羊平村社会主义新农村建设的大背景下，依托曲阳雕刻业，开发羊平乡村旅游，所关注的效益不仅仅为经济效益，而是社会效益、经济效益、文化效益、环境效益等的综合。在具体策划中，本规划力求在诸多效益中寻求平衡，以实现羊平村面貌的整体、持久的改善。

五、规划时序

本规划制订年限为 2008—2012 年，具体分为近期、中期、远期三个时期：

近期：2008—2009 年（2 年）

中期：2010—2011 年（2 年）

远期：2012 年（1 年）

六、规划指标

近期：截至 2007 年羊平村乡村旅游没有正式运营，较有影响的八会寺也没有接待游客，所以没有门票、购物等旅游收入，因此凭借新项目、新产品，近期西羊平的旅游收入将由零开始，呈跳跃式发展。这一阶段游客主要定位于保定、石家庄、北京地区。

中期：随着羊平雕刻旅游品牌形象的树立与扩大，以及景区旅游功能的日趋完善，羊平旅游将会快速发展，形成华北较为著名的特色旅游区。这一阶段游客定位于京津冀、山东、山西等周边地区。

远期：通过商贸互动以及深层次品牌营销，羊平旅游将会稳定、持续发展。在巩固原有游客市场基础上，东北、东南、西北游客的比重上升，羊平成为在全国具有一定影响的雕刻特色旅游景区。

羊平村乡村旅游预期收入表见表 2-1-1。

表 2-1-1　羊平村乡村旅游预期收入表

阶段	时间	收入年均增长率			游客人数/万人	人次均消费/元	总收入/万元
		高方案	中方案	低方案			
近期	2008 年	70%	65%	60%	4.95	80	396.0
	2009 年	65%	60%	35%	7.92	120	950.4
中期	2010 年	32%	28%	23%	10.14	180	1825.2
	2011 年	22%	17%	15%	11.86	230	2727.8
远期	2012 年	11%	8%	6%	12.81	300	3843.0

注：考虑到影响游客增长率和人次均消费的不确定因素较多，所以本规划的收入年均增长率以中方案为基准。另外，2007 年以来羊平村的游客人数为 3 万人左右。

七、规划依据

1. 法规条例

《中华人民共和国城乡规划法》

《中华人民共和国城市规划法》

《中华人民共和国环境保护法》

《中华人民共和国土地管理法》

《中华人民共和国风景名胜区管理暂行条例》

《村庄和集镇规划建设管理条例》

《河北省旅游条例》

《河北省城市规划条例》

《河北省村镇规划建设管理条例》

2. 技术标准与规范

《中共中央、国务院关于推进社会主义新农村建设的若干意见》

《中共中央、国务院关于促进小城镇健康发展的若干意见》

《村镇规划编制办法》（试行）

《县域城镇体系规划编制要点》（试行）

《旅游发展规划管理办法》

《旅游安全管理暂行办法》

《中国旅游资源普查规范》

《绿色建筑评价技术细则》（试行）

《小城镇环境规划编制导则》（试行）

《国家级风景名胜区监管信息系统建设管理办法（试行）》

《农家乐旅游服务质量等级划分》

《旅游景区（点）质量等级的划分与评定》

《标志用公共信息图形符号》

《旅游服务健康安全工作基本要求》

《城镇地籍数据库标准》

《建设部“十一五”可再生能源建筑应用技术目录》

《河北省域城镇体系规划（2006—2020 年）》

《河北省环境保护“十一五”规划》

《河北省土地利用总体规划（2006—2020 年）》

《河北省城市化“十一五”发展规划》

《河北省县域村庄空间布局规划编制要点实施细则（试行）》

《保定市城市总体规划（2001—2020 年）》

第二节　乡村旅游扶贫发展环境分析

一、有利因素分析

1. 各级政府重视西羊平乡村旅游发展

党的十六届五中全会做出了建设社会主义新农村的战略部署，国家通过政策倾斜、资金支持等途径改造农村、农民、农业，积极拓展农民增收渠道。旅游作为一项投资小、见效快的产业，具有带动新农村建设的力量，因此国家大力支持乡村旅游发展。此外，河北省旅游局、曲阳县旅游局以及羊平镇人民政府等各级地方政府也极为重视西羊平乡村旅游工作。

2. 拥有丰富的旅游资源

羊平村（以下简称羊平）集自然、人文、历史、人造等旅游资源为一体，拥有黄山、八会寺、众多雕刻企业、雕刻公园等旅游资源以及 2 000 多年的悠久文化，具有开发特色旅游的资源基础，同时结合羊平和黄山迄今仍保存的庙会、祭祀等传统活动和乡村餐饮、住宿等内容，进行旅游规划、设计后，羊平将极具旅游吸引力。

3. 区位条件优越

羊平紧挨着张石高速，曲新公路穿村而过，每 6 分钟一趟班车由县城直达羊平汽车站，雕刻业的发展又进一步把羊平融入曲阳县城，这些足以说明羊平发展旅游业具有优越的区位条件。

4. 有一定的发展基础

在雕刻业的带动下，羊平每年接待参观访问、政治考察、会议商务的客人不下 3 万人，当地居民对旅游服务已经有了一定的心理准备，有些企业单独辟出雕刻精品区以备游客参观。此外，羊平餐饮、住宿、休闲等设施也正逐渐完善。

二、不利因素分析

1. 环境污染严重

规划区内雕刻企业集中，生产加工石料所产生的粉尘漫天飞舞，一来降低了环境质量，二来影响游客与工人的身体健康。此外，曲新公路以及羊平村内主要街道的生活垃圾未集中堆放、统一运输、科学处理。

2. 道路绿化、亮化、美化不足

羊平雕刻区和西羊平北村主要街道两侧杂草丛生，有些堆放雕刻废料，既缺乏实用价值，也有碍美观。有些小型雕刻厂集中的地方，如地税所南侧，路边堆放已完工和正在雕刻的石狮子，颜色单调。此外，村中路灯系统也有待完善，尚未做到与绿化、亮化、美化工程的统一协调。

3. 高层次人才缺乏

羊平雕刻旅游品牌的树立在很大程度上依赖于雕刻设计与雕刻工艺。现在羊平雕刻人才极其缺乏，尤其是高层次设计人才匮乏。大型作品和新作品只能聘请北京、上海、浙江甚至国外专家设计，以至于羊平只能充当雕刻工厂的角色，不利于长远经济收益的获得和可持续发展。

4. 小型商品开发不足

羊平具有开发旅游纪念品的先天优势，因此“购物”有望成为羊平旅游的卖点之一。旅游纪念品最大的特点就是小巧、便于携带，但羊平雕刻现有产品主要为大型和中型作品，在展厅和商店中能看到的小型雕刻品是外来品。

第三节　空间规划

一、空间分区

规划区中的资源、项目，沿曲新公路集中分布在两个区域，即雕刻长廊北端和西羊平北村。因此，可把羊平乡村旅游空间总体结构高度概括为“二心一线”。

1. 前心区

北起曲阳雕刻牌楼，南至小型停车场（拟建），东、西两侧至雕刻企业区。该区主要是利用现有雕刻城展示和宣传曲阳雕刻历史、现代的辉煌成就，以及用于雕刻商贸洽谈和举办相关会议和庆典活动。主要功能区有一场（雕刻广场）、一厅（雕刻展厅）、一校（雕刻学校）、一瓷（定瓷有限公司）、一区（雕刻企业区）。

2. 后心区

北起羊平牌楼，南至羊平车站，东至羊平新城，西至黄山，主体是西羊平北村和黄石广场（规划中）。后心区用于综合开发羊平的雕刻旅游业，主要功能区有不锈钢雕刻区、恒州餐饮服务区、石岗雕刻公园区、羊平新城区、著名石雕企业区、石雕精品展示区、黄石广场区和八会寺旅游区。

3. 一线

曲新公路像一条线，把相对分散的景点串联在一起。具体包括前心区和后心区之间的曲新公路的路面、两侧的人行道、绿化带以及两侧的建设控制带。“一线”应保证路面不窄于18米；前心区路面两侧人行道各5米，绿化带各6米；后心区路面两侧人行道各5米，绿化带各4米；两“心”之间地段（非游览区）绿化带各4米。另外，绿化带外各100米为规划建设控制带，任何建设项目需经过县、乡镇、村逐级审查批准后方可在此动工建设。

二、品牌形象

总体旅游形象：

雕刻之乡
快乐天堂
民俗家园

总体宣传口号：

感受千年雕刻艺术
亲身参与雕刻项目
体会乡村传统风俗

二级旅游形象：

石雕发祥地

黄石公故乡

石雕艺术圣殿

雕刻购物天堂

雕刻嘉年华

北方佛教圣地

民俗节庆重现

二级宣传口号：

这里是中国石雕艺术的源头

这里是石雕的世界

尽享雕刻乐趣

挖掘您的雕刻潜能

带走您的雕刻作品

为雕刻祖先献一束花、敬一杯酒

感受北方农村庙会

三、产品构成

羊平乡村旅游产品体系具体可划分为：两大核心、四个品牌、八类产品。雕刻和宗教是羊平发展乡村旅游的基调和中心，在此基础上本规划力图为该村打造四个旅游品牌，而实现途径和最终形成的是八类具体且有针对性的旅游产品，这些产品在考虑当地资源禀赋的基础上满足了不同旅游细分市场的需要。

四、线路设计

1. 景区内旅游线路

一日游：

曲阳县城—曲阳雕刻广场—雕刻艺术宫—定瓷有限公司—雕刻学校（参观、实践、比赛）—中午就餐—鑫鑫建筑艺术雕刻厂—会城雕刻厂—（梦华仿古木雕厂）—八会寺—黄石广场。

二日游：

第一天：曲阳县城—由阳雕刻广场—雕刻艺术宫—定瓷有限公司—雕刻学校（参观、实践、比赛）—羊平开发区就餐—辉煌不锈钢雕塑厂—环亚不锈钢雕塑厂（参观、实践、比赛）—鑫鑫建筑艺术雕刻厂—恒州大酒店入住（或住在西羊平北村的农家）—石岗雕刻公园。

第二天：会城雕刻厂（参观、实践）—荣杰雕刻厂—高氏雕刻厂—八会寺—黄石广场（欣赏民俗表演、购物）—（梦华仿古木雕厂）。

2. 县域旅游经典线路

可采用与北岳庙以及聚龙洞“一卡通”的方式，以方便游客到羊平旅游，具体门票的收入分成双方协商后确定。

雕刻之旅：北岳庙—曲阳雕刻广场—雕刻艺术宫—石岗雕刻公园—会城雕刻厂—（梦华仿古木雕厂）—黄石广场（购物）。

朝圣之旅：北岳庙—八会寺—黄石广场（祭祀、购物）。

休闲之旅：灵山聚龙洞—曲阳雕刻广场—石岗雕刻公园—黄石广场（欣赏民俗、购物）。

3. 雕刻旅游修学线路（5 天）

曲阳雕刻广场—雕刻艺术宫—雕刻学校（吃住在此，学习 2 天）。

第三天：辉煌不锈钢雕塑厂—环亚不锈钢雕塑厂—鑫鑫建筑艺术雕刻厂—住在恒州大酒店（2 天）（其间白天参观会城雕刻厂、荣杰雕刻厂、高氏雕刻厂以及羊平公路两侧展区和其他雕刻厂，晚上到石岗雕刻公园休闲和参加雕刻娱乐活动）。

第五天：上午参观梦华仿古木雕厂后回到黄石广场参加雕刻比赛，下午去八会寺，返回时在黄石广场欣赏祭祀、表演等活动，购买旅游纪念品后返回。

除了在“五一”“十一”开展修学旅游专线服务之外，暑假、寒假等其他时间也可以定期或不定期开展修学雕刻之旅专题线路，可在雕刻学校、会城雕刻厂、高氏雕刻厂、梦华仿古木雕厂等场所设立 2～30 天不等的中短期雕塑培训班，并定期举办相关雕刻竞技比赛。

第四节　重点建设项目规划

一、雕刻城北段长廊

现在雕刻长廊北段主体已经竣工，拥有全长2 300米、宽40米、两侧各100米规划建设控制带的高标准公路，公路两侧有近60家雕刻企业，其外还有主体鲜明的雕刻广场、雕刻展厅等场所。但总体来讲，2 300米的公路两侧各6米的绿化带中的植物数量少、品种单一，缺乏美感；两侧雕塑极少，难以凸显主题；路灯设计没有特点；两侧环境有待进一步改善。

1. 绿化工程

在公路两侧各6米的绿化带中错落有致种植颜色协调的植物群落，上部为乔木，可选用旱柳或国槐，植株距离为15米左右，树穴中栽培异叶山麦冬；中部为灌木，可选用常绿树种，如朝鲜黄杨、矮紫杉，植株距离为12米左右；下部交叉片种多年生的地被植物，可选用沿街草、金叶过路黄、常青藤、石蒜等。按照该植物群落的现在市场造价，1平方米约8元人民币，按照该单价计算所需资金为（8元/米^2×6米×2 300米）×2=22.08万元。

路灯处种植多年生藤本地被植物，如常青藤。两侧石雕企业如设铁艺围墙则在墙下培育常绿攀缘藤本植物，如小叶扶芳藤。围墙如为封闭式砖石墙，则可在墙下培育多年生草质藤本植物，如地锦。所需资金主要为各雕刻企业自己筹集，各项指标、规章以及检查监督标准由管委会负责制订。

两侧各5米的人行道由三部分构成：中心3米为硬化的行道，外侧1米为盲道，人行道两边为0.5米嵌入式硬化路面。当前人行道的一般市场价格，每平方米3.6元人民币左右，按照该单价计算所需资金为（3.6元/米^2×5米×2 300米）×2=8.28万元。

在长廊南端，距离曲新公路第一处拐弯处15米的北侧公路中心建设一处八卦形花坛，作为该游览中心的终点，游客游览完后可在此照相留念。八卦花坛直径8米（路面为18米，因此不会影响交通），所选用的植物主要是常绿和多彩植物，如朝鲜黄杨、金叶过路黄、紫叶小檗、五叶地锦、金山绣线菊等。中心用花草设计“雕刻之乡”字样。八卦花坛采用自北向南高度逐渐增加的斜坡式，这样游客在北边很远就能看到该花坛造型。

该植物群落市场造价大约为1平方米18元人民币，按照该单价八卦花坛所需资金约为0.09万元。

2. 雕塑工程

在2 300米的公路两侧的绿化带中每隔10米因地制宜放置雕刻作品。

公路两侧自北向南直到八卦花坛，依次放置自汉代以来各历史时期曲阳具有代表性的雕塑精品的仿制品，如“一狮一鼎”“哼哈二将”“仙鹤”“千枝梅”“引滦入京工程纪念碑”“月亮神”“浴女”“关爱人间”“大象”“爬佛”“108米大佛”（同比缩为3米）、“218米寿星”（同比缩为4米），等等。并且在每件作品下方以黑色文字详细介绍该作品，或装置声波式自动解说系统。

公路东侧主要为曲阳名人纪念雕刻展区，自北端广场至南侧花坛，依次放置的人物雕塑有黄石公、宋天昊、杨艺源、王道、王浩、刘普智、刘东元、李牧、蔺相如、李左车、杜弼、王安中、郝氏三杰、王思、葛振林、李殿冰、卢进桥、甄彦苍、安荣杰等。在每件雕塑作品下方均有不超过150个字的人物简介。

雕塑作品主要通过企业认购、捐赠方式募集，但政府也要承担塑像安置以及旅游讲解设备配置等工作。

3. 亮化工程

在公路两侧绿化带中因地制宜装置高度、颜色和形状多样的地灯（埋地灯、插地灯、地脚灯、草坪灯、投射灯、庭院灯），造型以竹子为主，最好风格统一。每件雕塑作品正前方装强度高的地灯，这样灯光可直接射到作品上，灯颜色以绿、黄、蓝、紫、红为主。人行道不宜再装任何灯具，主路面路灯和绿化带灯光已足够，否则喧宾夺主。按照当前城市绿化一般行情，平均1平方米地灯系统费用大概为3元人民币，因此绿化带路灯共需资金为（3元/米^2×6米×2 300米）×2＝8.28万元。每个雕刻企业门口，尤其是公司名字正上方处应有一排灯具直射该厂名。此外重要企业，如雕刻艺术宫、定瓷有限公司、雕刻学校、顺儒雕刻厂等，主体建筑应安装夜光线，以增加夜间美感。铁艺围墙安装夜光线，封闭式砖石墙的可在墙下方安装一排射灯，灯光打到墙上的藤本植物上。企业装饰具体费用由各雕刻企业负责。南端八卦花坛为该游览中心的核心景点之一，应在四周配置多颜色、多强度、多角度的灯光系统（埋地灯、插地灯、地脚灯、投射灯、庭院灯、草坪灯、观赏灯等），以突出其重要性。北端的雕刻广场以及雕刻展厅、雕刻牌楼等场所已装置了灯光系统，以后在此基础上进一步完善即可。

4. 其他工程

在公路两侧，尤其是南段仍存在一些破旧的房屋和空地，应加强治理和美化。在八卦花坛南行 20 米的公路西侧的空地上需嵌入式硬化路面，建设一处占地 1 亩左右、3 排 6 列的小型停车场（游客在雕刻牌楼处下车，步行参观，直至八卦花坛）。每排停车位南侧处种植高大乔木，如槐树，以遮蔽阳光。树穴栽植异叶山麦冬。

二、羊平乡村旅游环境

1. 景区绿化

西羊平北村作为雕刻企业最集中的区域，其绿化内容应区别于其他地方，在植物选择、造型布局等方面应考虑工矿区的特殊性。自羊平牌坊直至羊平汽车站近3 000米的曲新公路应拓宽至 36 米，其中主路面 18 米，两侧人行道各 5 米，两侧绿化带各 4 米，两侧规划建设控制带各 100 米。如有些地段改造确实存在困难可适当缩小人行道宽度，但不能小于 3 米。

绿化带也应选用立体化植被体系，由紫叶小檗、朝鲜黄杨、茶条槭交叉搭配形成紫、绿、黄 3 条“∽”型的不连贯的彩带，为了点缀可在彩带之间间或种植月季、菊花、火炬树、紫叶矮樱等。在每处灌木朝外拐弯处的内侧种植丹东桧或圆柏的整形树，地表植被选择沿街草，每隔 6 米种植一棵元宝槭树作为行道树。按照该绿化带植物体系，一般 1 平方米市场价格大概为9 元人民币，因此所需资金为 2×9 元/米^2×4 米×3 000 米＝21.6 万元。人行道设计可参考雕刻城北段设计，每平方米 3.6 元人民币左右，按照该单价计算所需资金为（3.6 元/米^2×5 米×3 000 米）×2＝10.8 万元。

公路两侧雕刻厂均改为铁艺或竹艺围墙，避免挡住围墙内侧雕刻成品的展示，墙下种植植株分枝点少的多年生藤类植物，如山葡萄、爬墙虎、忍冬等。所需资金主要为各雕刻企业自己筹集，但由管委会负责制订各项指标、规章以及检查监督。

西羊平北村主要街道（四纵四横）两侧整理后种植沿街草、过路黄等地表植被，间或种植一两株较高的国槐、毛樱桃、山楂、花椒等（需修剪）。靠近雕刻厂的路旁每隔 5～7 米放置一个具有代表性的雕刻作品（体量小），如广美路两侧可放置荣杰雕刻厂、会城雕刻厂的代表雕刻作品。在步行道或绿化带旁安置一排造型独特的木质长椅，在乔木下放置石桌、石椅。各主要雕刻厂与活动场所的绿化带要结合其特点与实力进行设计，同时与整个园区绿化风格要相协调。

2. 园区亮化

（1）主街道亮化

街道亮化：在羊平牌坊至羊平汽车站的近3 000米的曲新公路两侧的人行道与主体道路之间每隔 15 米安装一个高 6 米的道路灯，底部种植攀缘植被（路灯形状如能体现雕刻主题则效果更好）。按照每台路灯单价 500 元计算，共需资金约 20 万元。

绿化带亮化：在公路和主要街道两侧绿化带每隔 12 米的圆柏、丹东桧、彩色点缀植物以及雕刻代表作品附近放置投射灯和草坪灯，可设计为蘑菇、树根、竹子、花卉以及兔子、狗等形状。同时，在绿化带中间隔 10 米左右地方放置一个高 0.3～0.5 米不等的石头地灯（雕刻下料为灯具，中间掏空放置多彩灯泡），既与环境协调，又凸显了羊平特点，还可以变废为宝。在两侧雕刻厂的封闭式围墙正下方安装一排射灯，直射到墙上藤本植物上，采用竹艺或铁艺围墙的可直接在墙上安装夜光线。按照园区路灯系统设计价格，1 平方米大概为 9 元人民币，因此所需资金为 2×9 元/米^2×4 米×3 000 米＝21.6 万元。

（2）工厂内部布局以及亮化

所有雕刻工厂都要设计为“前店后厂”格局，主体建筑格局可参考高氏雕刻厂，即中间为一标志性大厅，两侧的接待室、精品室、会议室等对称分布，前面为厂区小型绿化广场，右侧为工厂管理区，内设设计室、会计室、采购室、值班室等，左侧为库房（放置石料和成品）。中心一排建筑后面即为生产加工区，顶部为一弧形的塑料大棚用于防止粉尘飞溅，当然必要的通风设备也是必需的。主体建筑装置夜光线，前面绿化广场因地制宜安装多样化的埋地灯、插地灯、地脚灯、草坪灯，用以美化。具体费用由各雕刻企业负责。

（3）重要活动场所的亮化

恒州大酒店、石岗雕刻公园、黄石广场三处为游客食宿、娱乐、休闲、购物的重要活动场所，应加强美化和亮化。恒州大酒店外部亮化可简化，仅在建筑四周安装夜光线即可，重要的是内部的装饰装修以及舞厅、酒吧等内部灯光布置。

石岗雕刻公园亮化系统应依据隐蔽、多样、高雅的原则，除北侧戏台（拟建）外，其他地方的亮化要追求含蓄、朦胧、安逸的境界。戏台四周安装舞台灯光系统，以备节庆和演出之用。

黄石广场的绿地亮化、道路亮化、建筑亮化可参考以上内容。停车场的每排停车位北侧处，至少安装 2 个双头的道路灯。所需费用约 3.5 万元。

羊平牌坊应加快装修，顶部纹饰以佛、寿为主题，上书“中国雕刻之乡”字样，两侧图案以狮、虎、龙、凤等为主体，前方底部放置两个大石狮子，参考曲阳牌坊。牌坊主体用夜光线环绕。

3. 环境治理工程

粉尘污染是制约羊平乡村旅游发展的关键问题，可采取以下方式加以缓解：

（1）雕刻企业“前店后厂”布局

大型企业“前店后厂”的内部格局已经分析过，这里不再赘述。但小型雕刻厂难以做到前店后厂，可在近期责令其搬迁至村内或在公路和加工区之间修建一道封闭式围墙，用爬墙虎等植被绿化墙体。厂顶以弧形塑料半罩着，通风设备连接一个粉尘收集袋，具体袋子的造型和功能可以再设计。具体实施由各雕刻厂在管委会的指导和监督之下进行。

（2）定期、专人清理粉尘

散落在公路、绿化带以及橱窗上的粉尘应每天定期由专人负责清理，确保给游客一个洁净的印象。

（3）大型企业引进粉尘处理设备

先进的粉尘处理设备可有效解决环境污染问题，而且还可以变废为宝。但由于一次性成本较高，要求所有雕刻企业都配备并不现实，可先要求大型雕刻企业与政府合作引进，在所带来的多种利益的示范下，逐步带动其他雕刻企业。

（4）倡导健康的生产方式

雕刻工人现在除了帽子外并不习惯佩戴其他防护工具，口罩在很大程度上可防止粉尘进入工人身体，今后工厂在口罩的防尘功能、透气设计等方面应加大研究力度，设计出佩戴舒服、防尘功能更好的口罩。此外，手套、眼镜等也是工人生产时需必备的。

（5）加强生产加工时间管理

日常要求雕刻工厂按照指定时间生产不仅不现实而且也不经济，但在重要时间段，如黄石公祭日、石匠祭日以及“五一”“十一”等旅游高峰时期，应尽可能把生产加工时间与旅游高峰时间错开。可要求企业在这些时间只下午 2 点半至 6 点生产，如有特殊情况，经管委会批准可在村子中东部开辟的临时场地集中生产。

（6）整修水渠

西羊平北村在曲新公路东侧有道水渠，但中间有些地段已损坏，应从羊平牌坊处开始在公路两侧绿化带与人行道之间原有水渠基础上，修建一道沿曲新公路穿村而过的闭合式的水渠（下雨时打开其他出水口，平时堵上），沿途每隔 25 米的地方设置过滤网以清除落在水中的雕刻粉尘。水渠有三条分支，一条由石岗路通往雕刻公园；一条由桃园路通往黄石广场的喷水池；一条由广美路直通羊平新城。整修水渠可形成每个雕刻厂前面都有流水经过（厂门前用岩石修建水道，不会影响运货卡车经过），配合周边的绿化带和亮化系统，别有趣味。

三、石岗雕刻公园

在恒州大酒店东侧 10 米处的白石岗上现仅有一座亭子。在此基础上建造一处雕刻公园，一来因为它靠近羊平食宿中心——恒州大酒店，区位条件优越，游客客观上也需要在食宿场所有一个娱乐休闲的场所；二来地势高低错落，东侧有一道 5 米深的土沟，层次感强，适当加工即可成景。

该公园主要开展以雕刻为主题的娱乐活动，公园入口正对曲新公路，位于石岗路东端尽头的斜坡上。公园大门以木、竹为材料设计为简单的小型牌坊状，顶端以竹木构成一长方形，中间悬挂“石岗雕刻公园”字样竹木。两侧下方各设置一个仿古石墩。两个竹木柱子下种植山葡萄，公园大门自然形成一个葡萄架，安静、惬意。门附近以及门上安装夜光线以及必要的道路灯、观赏灯等构成灯光系统以吸引游客。

公园内部采用园林式造景，整个公园以土沟上方竹林为界分为东、西两个区，西区为休闲区，东区为娱乐区，通过贯穿两区的木质和石质的巷路相连。休闲区以北侧戏楼和南侧碑刻区为两端，中间以木质小巷相连。碑刻区在亭子南侧，主要是历史名人和各界人士对羊平和曲阳雕刻的题字的碑刻，路面采取嵌入式硬化。北侧的戏楼设计为古代戏楼样式，与亭子风格对应，主要用于一些节庆和演出活动。木巷周边种植立体植被，高大乔木、灌木的选用可参考羊平主要街道绿化方案。地被植物要选择色彩艳丽的品种，如入口处选用茶梅，小巷中间绿地上点缀杜鹃、紫薇、毛鹃草等。在小巷沿途草地上设置一些木质的座椅。竹林下种植三叶草、红车轴草、白车轴草等。公园西侧绿化带中每隔 3 米因地制宜放置一高度为 0～0.5 米不等的石头草坪灯作为点缀。也可以安装花卉、动物造型的草坪灯，但数量要少，重点放置在东侧竹林下方，否则主题不鲜明。另外，在适当位置放置设计为蘑菇、野兔等形状的草坪音响，以增加环境优雅性。

绕过竹林就进入了公园娱乐区。两侧为高大乔木，地表植物选择沿阶草，主路面设计为石质，乔木下均有小型的雕刻半成品。石甬道南端为一高约 15 米的三层阁楼式的中国传统石楼（从曲新公路可透过竹林隐约看见石楼第三层），一层为服务区，主要是出租必要的雕刻工具和聘请雕刻导师指导创作；二层为雕刻娱乐区，可开展 10 分钟雕刻速写、石子雕刻、镂空雕刻、家庭总动员、雕刻速配等娱乐项目，让游客参与其中（根据实际情况，也可以安排在室外石甬道两侧进行）；三层为休闲区，有茶室、棋室、音乐室等。

四、黄石广场

黄石广场位于黄山角下，以八会寺山门—石质台阶—桃园路为中轴线分为两大对称部分——南区和北区。整个广场以位于石质台阶和桃园路中间的中轴线上音乐喷泉为中心，东北处为停车场，西北处为雕刻博览馆，东南处为三层的酒店，西南处为黄石公祠堂。由于地势西高东低，因此从广场入口处望去，整个景区建筑层次性和立体性极强。（黄山八会寺已有规划，现在正在建设，因此不在本规划范围内。黄山现在应多种植高大乔木，如柿子树、火炬树、山枣树等，在险要山头处可种植一两棵松树点缀。）

1. 停车场

停车场依据地势自北向南设计为 3 个不同高度的平台，每个平台嵌入式硬化路面，车位数为 1 排 9 列。每个车位南侧种植一棵高大乔木（旱柳或国槐）以遮阳蔽日。停车场入口与酒店入口通过南北宽约 8 米的水泥路面相连。

停车场出口与音乐喷泉相连。

2. 雕刻博览馆

雕刻博览馆总体为坐西朝东的一处古代宫殿式建筑，与周围寺院建筑风格协调。主要展示中外雕刻文化，内部设有中国石雕展示区、希腊石雕展示区、精品木雕展示区、不锈钢雕展示区、玻璃钢雕展示区，同时配有电子和人工讲解。

3. 酒店

酒店是坐西朝东的三层阁楼式建筑，有餐饮、住宿、会议、娱乐等功能。一层为餐饮区，主要以地方特色和中高档菜肴为主；二层为会议室和娱乐室，娱乐室以棋类、球类、智力游戏等游艺为主；三层为住宿区，有套间、2～4 人的标准间。

4. 黄石公祠堂

黄石公祠堂为一处坐西朝东的石质的中国传统四合院式建筑，院中心为黄石公塑像，前面放置一香炉。祠堂大门设计为传统官府门式，上书“黄石公祠堂”，两侧南屋为游客服务区，内设售票处、导游处、购物处（主要为祭祀用品）等，正屋为主人寝室，布局符合春秋战国时的寝室风格。左偏房为黄石公物品展室，右偏房为黄石公写作、传授《雕刻天书》的石蜡组像室。祠堂定期举办各种与黄石公相关的祭祀、演出活动。

5. 道路

黄石广场道路布局总体为“一纵、两横、四射”。

一纵：即山门—石阶—桃园路的广场中心主路，称为黄石路。这条路由两段构成：八会寺山前的石阶路和音乐喷泉—景区入口的桃园路。石阶路用石板修建，宽度约为 3 米，两侧每隔 1.5 米立一石柱，上端雕塑造型各异的小狮子，直至八会寺山门（山门前两侧各放置一座大石狮子）。音乐喷泉—景区入口的桃园路宽度约为 8 米，与石阶路隔喷泉相对，两侧每隔 8 米种植旱柳，树下种植沿街草。

两横：即酒店与停车场之间 8 米宽的硬化公路，称为下园路（主要为车行道）；黄石公祠堂与雕刻博览馆之间的 3 米宽的硬化公路，称为上园路（主要为人行道）。停车场主要为游客准备，酒店前的小型停车场为酒店客人准备，下园路为车辆进入停车场和酒店的入口，因此路面应至少能错开大型旅游车，所以路面宽应为 8 米。下园路两侧绿化带可由朝鲜黄杨、紫叶小檗、茶条槭等构成，造型为直线型。

上园路主要是人行道，所以路面不宜过宽，两侧2米绿化带应精心布置，具体可参考羊平村主要街道绿化方案。

四射：即由中心音乐喷泉向东北、西北、西南、东南四角建筑的线路，呈对称分布，分别称为车场路（停车场出口）、展厅路、祠堂路和凤栖路（酒店车辆出口）。4条路路面不宜过宽，3米即可，两侧绿化、亮化等工程风格应统一。绿化植株不能过高，否则影响广场完整性，可选择的地被植物有：沿阶草、金叶过路黄、石蒜、杜鹃、月季、菊花等。

6. 其他设施

（1）厕所

黄石广场厕所风格应为仿古式，内部男女分开，设座便和蹲便。主要分布：停车场东、西各1个，博览馆外1个，祠堂里、外各1个。

（2）购物区

在停车场与博览馆之间以及酒店与祠堂之间各建一条呈“S”状的石板路，北侧的称为红山路（北侧山头叫红山坡），南侧的称为婆脸路（南侧的山头叫老婆脸）。这两条路宽5米，外侧各为一排商业店铺，内侧为露天摆摊货架。

（3）垃圾箱

选址：道路拐角处；造型：为小动物形状，如小鹿、小狮子、小兔子等。

（4）服务区

停车场北侧为二层仿古式建筑风格的旅游服务区，内部设导游服务处、医疗处、公安处、收费处等，负责整个广场的日常事务的维护和管理。景区导游图在曲新公路与桃园路交叉口处，正对东北方向。广场内其他标志和提示要选择恰当位置、色彩、风格、造型，与整个环境相协调。

（5）点亮工程

黄石路路灯系统可参考西羊平曲新公路两侧的路灯方案。上园路和下园路路灯强度不宜过大，可选择造型简单、实用的节能型庭院路灯，4条放射路路灯可选择造型独特且简洁的观赏路灯。绿化带中间隔6米地方因地制宜放置由雕刻废料制成的高度为0～0.5米的多彩石头地灯，以体现雕刻主题。另外，在绿化带中间隔20米可安装造型各异的1米左右高度小狗型的草坪灯（羊平当地流传义犬舍身救刘秀的故事）。中心音乐喷泉四周以及内部安装喷泉专用的灯光系统。各个建筑的四周装备夜光线以展示其优美轮廓。另外，在绿化带适当地方放置设计为蘑菇、花卉等造型的草坪音响，以增加环境美感。

五、羊平新城以及羊平商贸中心

在羊平开发区东侧建设羊平新城，北至石料厂，西至白石岗土沟，南至广美路，东至东羊平村。新城主路经过会城雕刻厂，与桃园路相交，与羊平南村的曲新公路相接。新城中设有商住区、卫生院、邮局、银行、娱乐区、超市、商铺、汽车站等。

在羊平“空心村”处建设羊平商贸中心，内部设有商贸场所（如银行、邮局、托运处、超市、餐馆、酒店、旅行社等）和雕刻商贸专区（如设计公司、库房区、雕刻代理公司、雕刻网络公司、雕刻纪念品开发公司、雕刻灯具制造设计公司等）。

因本规划主要是从旅游开发角度对现有西羊平北村的乡村设施、面貌等的改造，因此新城和商贸中心具体策划省略。

六、其他项目

镇政府应逐步迁至广美路北侧，原来的政府大院改造为大型停车场，共需资金 1.5 万元。此外，在搜集、整理当地传统文化的基础上加大策划、开发节事活动的力度，在黄石广场和石岗雕刻公园增设演出活动，以增加旅游项目的参与性，共需资金 8 万元。

每天自羊平沿曲新公路北去的运雕刻废料的拖拉机以及由县城来羊平的运石料的拖拉机噪声极大，严重影响羊平的旅游环境，对其应加强治理。羊平主要是加工生产中、大型石雕作品，雕刻下脚料其实完全可以再二次开发为小型雕刻作品，而这正是游客所需要的纪念品。同时，有些雕刻废料和废品适当加工可以作为漂亮的道路指示牌、中型路灯灯具、街道天然座椅，等等。因此，今后对废料应集中堆放、精心筛选、重复利用，加大开发利用的相关研究力度，以产生综合经济价值。确实不能利用的废料和雕刻石料应集中在每天下午 4 点至 6 点游客较少的时间运输，运输工具应选择运载量大、噪声小的卡车。

第五节 旅游商品设计

旅游商品既要精美、具有地方特色，还要便于携带。羊平利用自身所具有的雕刻条件具有开发旅游纪念品的先天优势。羊平可以开发的旅游商品主要有：

①利用石雕废料开发石雕旅游纪念品，同时也可开发木雕、砖雕、不锈钢雕、玻璃雕、玉雕等纪念品，具体可设计为钥匙链、相册、戒指、手镯、手链、笔筒、烟盒、玉佩、玉簪、玉环，等等。

②利用其宗教圣地优势，开发小型的佛像、佛珠、佛塔、转经轮、护身符、护身佛像等雕刻品。

③对雕刻过程和雕刻代表作品以及祭祀、演出、庙会活动等拍摄刻录光盘公开发行，以传承中国传统文化。

④黄山盛产山枣、山楂、野葡萄、蘑菇、核桃等，可作为旅游特色产品向游客销售。

⑤加工、设计、销售雕刻明信片、雕刻纪念邮票、雕刻纪念电话卡等。

当地政府可设立旅游商品开发专项资金，以加大旅游商品的设计和开发力度。

第六节 旅游营销宣传规划

1. 节事营销

定期承办各个级别的雕刻艺术节、雕刻展销会以及与雕刻相关的权威研讨会、展览会，加强与外界联系，扩大羊平村雕刻旅游的社会影响。

2. 公共营销

联系社会知名人士、各界领导来参观、访问、题字，同时组织大型公益文娱或专业活动，以吸引新闻媒介对羊平的关注和宣传。同时，在电视、报纸的相关栏目进行多角度介绍。

3. 网络营销

利用已有的“中国雕刻网”等网站，进行多角度的宣传，通过上传相关文章、图片、游记、广告、购物指南、民俗介绍等资料，全方位、多角度进行营销。当然也可以借助“携程旅游网”“中国旅游网”“保定热线”等网站上传资料，扩大影响。

4. 设立、完善旅游标志系统

在曲阳县城、雕刻城、羊平村以及各个具体景点内的显要位置因地制宜地以石、木、竹等材料设计各类旅游标志。同时在保定、石家庄、北京等城市开往曲阳的高速公路上也应设立“羊平雕刻旅游区”的旅游标志（包括名称、方向、距离等内容）。

5. 广告宣传

充分利用电视、报纸、杂志、网络等多种方式展开立体广告宣传，同时在附近城市各大汽车站、火车站等显要位置设置“羊平雕刻旅游区”的广告牌，以及一些免费发放相关宣传资料的网点。

6. 多元促销

与周边城市大中型旅行社、酒店、长途汽车站、公交公司、出租车公司等签订合作协议，以协助宣传羊平旅游和招徕游客，并且在酒店或城市显要地段建立羊平雕刻连锁店，销售羊平雕刻作品和相关旅游纪念品。

营销宣传预计共需资金为 47.5 万元，其中近期 22.5 万元，中期 15 万元，远期 10 万元。

第七节　从业人员培训规划

旅游业涉及行业和要素较多，且绝大多数属于服务业。作为一项沟通情感的产业，其从业者素质如何直接影响着旅游业的发展水平高低。西羊平乡村旅游开发中从业者主要为当地农民，由于受教育程度、知识面以及信息普及等方面的限制，以旅游业一般标准来衡量，他们的综合素质还有待进一步提高，这也是羊平乡村旅游能否良性发展亟须解决的关键问题。

一、基础素质

基础素质主要包括思想观念、教育水平、文化常识、简单外语水平、基本技能等方面。

1. 思想观念

当前羊平村普遍存在两种不利于乡村旅游发展的观念，一是封闭观念，体现为不理解旅游业、不参与旅游业、不欢迎游客。二是狭隘的经济观念，体现为过分赢利性、过度商业化、过激附会性。西羊平乡村旅游主管机构应通过积极引导、塑造典型、奖罚并重等方式，避免和改变以上两种不良思想，树立科学、文明、健康、和谐的旅游发展观念，以促进乡村旅游快速、良性、持久发展。

2. 教育水平

当前羊平受教育群体主要是青少年，而参与乡村旅游服务的主体则主要是中年人和青年人，所以羊平乡村旅游从业者教育水平普遍较低，绝大多数仅为小学水平，这影响到他们从业素质的进一步提高，而且也不利于其旅游工作的顺利开展。因此，羊平镇政府、羊平村或旅游管委会应拿出部分收入用于从业者教育水平的提高。考虑到当地实际，培训形式、培训时间、培训地点以及培训考核等可以根据从业者实际灵活安排。

3. 文化常识

游客来自社会各行各业，受教育程度、知识层面千差万别，因此如果从业者不具备丰富的文化常识就很难与游客有良好的沟通。尤其是从事乡村旅游服务的人员往往都是农民，囿于当地现实条件，这些从业者在知识的日常积累方面很难达到游客的普遍需要。这就要求西羊平各级乡村旅游的管理机构应把提高从业者文化常识的工作作为一项系统且长期的任务来抓，采取多种喜闻乐见的形式定期或不定期地向农民介绍各种文化常识。

4. 简单外语水平

乡村旅游发展得好的地区往往位于大城市郊区，如北京的郊县、成都的郊县。现在随着我国国际交往的加强，北京、天津、石家庄、保定等大中城市中的外国人越来越多，而他们对中国特有的农村习俗、风貌尤为感兴趣，因此基于京津冀的区位优势，外籍游客也是羊平乡村旅游发展所关注的重要目标群体之一。羊平应通过各种集中的短期辅导和培训，使农民从业者掌握一些可与外籍游客交流的基本的交际用语，如欢迎、讨价、指路等。

5. 基本技能

旅游行业有别于一般行业，其对从业者有最基本的技能要求，主要体现在表达能力、人际交往能力、应变能力以及具体的服务技能，如相机的使用技巧、婴儿和老人的护理等。羊平乡村旅游的开展需要从业者尽可能掌握这些最基本的技能，以为游客提供周到且满意的服务。羊平各级主管部门在乡村旅游从业人员选拔、培训上要有针对性，立足当地实际，使其能尽快适应工作。

二、行业素质

1. 熟悉当地景点以及设施情况

由于羊平乡村旅游发展较晚，导游图、示意图等旅游解说系统普遍还不完善，因此乡村旅游从业者乃至所有村民都不同程度扮演着解说员的角色。因此，主管机构应对从业者乃至全体村民开展介绍宣传活动，力求每个人都能做到熟悉各景点乃至设施的位置、特点、注意事项等，以便提高游客游览的效率。

2. 了解旅游相关知识

乡村旅游从业者不了解旅游业快速发展的大好形势，不会安心工作；不了解游客心理变化规律，不能提供满意服务；不了解游客行为特征，不会搞好组织接待。羊平乡村旅游各级管理部门应选择合适的时间，聘请地方高校旅游专业教师，对从业者进行旅游概论、旅游心理、旅游行为、旅游开发、旅游影响等专题辅导，以使从业者熟悉旅游业特征和游客行为，进而促进乡村旅游的发展。

3. 礼仪规范

由乡村务农到服务游客的转变，关键体现在礼仪、礼貌方面。乡土民风是乡村旅游发展的重要氛围，如能以一种都市游客更能接受的方式来展示其热情、纯朴、好客的话，无疑羊平乡村旅游将更具吸引力。因此，在保证原汁原味的乡土气息的前提下，羊平旅游管理机构应对旅游从业者加强礼仪规范方面的管理，主要体现在指导从业者使用礼貌用语、穿戴整洁干净、时常面带微笑等方面。

三、职业素质

1. 旅游服务业职业道德

乡村旅游的快速发展不可避免地会在一定程度上减弱羊平村传统道德、习俗对当地人行为的约束，而短期内规范的乡村旅游职业道德又难以确立，在这“青黄不接”的时期，当地可能会出现坑骗、诱导、拉客、宰客等有损游客利益的不良现象，因此当地应成立乡村旅游的专门监管和督察机构，同时制定相应的规章制度，以规范从业者行为，保证乡村旅游健康发展。

2. 岗位素质

旅游业涉及行业众多，有餐饮、住宿、交通、娱乐、治安、卫生等，每个领域又容纳了众多岗位，如住宿业中就有主管、行李员、保洁员、收银员、接线员、大堂经理等不下 30 多个岗位。每个岗位都有自己明确的权力和责任，应通过旅游企业内部培训让员工熟悉其岗位的重要性、特点以及权责关系，以使其做好本职工作，进一步提高旅游企业和乡村旅游效益。

3. 企业文化

每个旅游企业都应有自己独特且鲜明的企业文化，这是保证和增强其吸引力的内在源泉。而企业文化的主要载体正是每一个员工。因此，羊平乡村旅游企业应综合采用多种方式，让每个员工清楚、理解、内化其企业文化，以更好展示企业形象和增强团队凝聚力。

第八节　旅游扶贫保障规划

一、转变观念

羊平应加大旅游宣传力度，让老百姓了解开发旅游的现实经济、社会、文化、环境等效益，提高其支持、参与旅游服务的积极性；同时营造浓厚的旅游氛围，羊平应加强与雕刻企业、各级政府的沟通，使其充分认识到旅游的综合价值，这对于羊平乡村旅游的良性发展意义重大。

二、加强管理

由曲阳旅游局、羊平镇政府、羊平村委会、各景点代表、村民代表等共同组成“羊平雕刻旅游管委会”，制订《羊平乡村旅游项目经营规范》《羊平旅游行业规范》《羊平乡村旅游从业人员行为规范细则》等相应的规章制度并构建组织结构（具体见图2-8-1），对羊平旅游景区的建设、美化、治安等方面进行全面管理。管理费用可以通过以旅游收入1%的比例向各旅游点筹集。羊平旅游收入的具体分配体系应在兼顾到各个部门利益的情况下，由“羊平雕刻旅游管委会”协商确定，形成制度。同时羊平地方政府把旅游作为曲阳龙头产业加大宣传力度，营造良好的旅游氛围，积极引导各权力部门重视旅游，同时改善旅游投融资环境，加大行业指导力度，以推动羊平乡村旅游的发展。

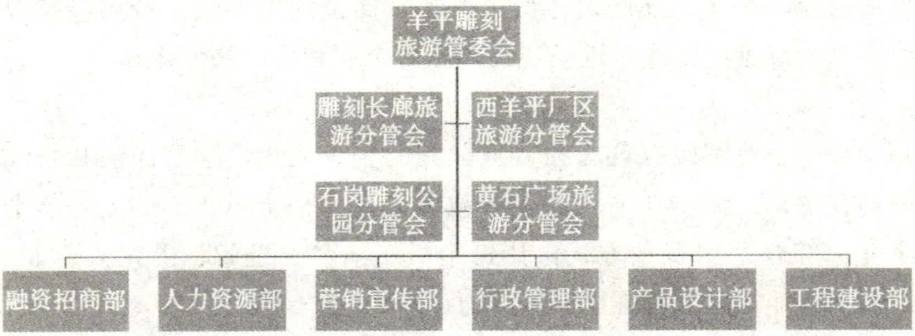

图2-8-1　羊平乡村旅游管委会组织结构图

三、技术改进

雕刻作为手工艺技术，需要不断创新发展，这也是羊平雕刻旅游持久发展的动力源泉所在。因此应鼓励企业与外界加强交流和合作，改进技术，提高工艺，加强原创，增加雕刻的技术含量和知识含量，改现有的雕刻加工集中区为雕刻艺术圣地，不断提升羊平雕刻地位。

四、培养人才

通过内部培养和外部招聘相结合的方式，储备、招募一支高水平的人才队伍，尤其是雕刻高级设计人才和旅游高级管理人才。同时利用雕刻学校的优势，引进高素质教师与外界先进教学经验，积极在当地年轻人中培养高级人才，以持久地为羊平雕刻旅游的发展注入活力。

五、加强合作

首先，羊平雕刻应积极与国内外知名雕刻区和雕刻企业联系，通过互访、研讨等方式加强合作，相互学习；其次，羊平雕刻旅游应积极与北岳庙、王快水库、灵山聚龙洞以及附近的天生桥瀑布、城南庄、西柏坡、驼梁、白洋淀、冉庄遗址、五台山等旅游地加强旅游合作，打造精品旅游线路。

六、培养雕刻企业航母

总体来讲，羊平村甚至曲阳都没有在国内外具有太大影响的雕刻企业，现有大部分企业仍为作坊式，因此应鼓励雕刻企业兼并、重组、集约生产、市场运作，有实力的争取上市，打造一两个在国内外叫得响的知名雕刻品牌。

七、多元化融资

羊平经济区自羊平牌坊至羊平界（顺心配货场附近）均未充分开发，西羊平北村很多雕刻企业的生产加工环境也亟待改善，此外羊平新城、羊平商贸中心的建设，所需要的资金缺口较大，解决这些问题除了积极争取上级拨款外，还可以多元化开发融资方式，如银行贷款、社会集资、招商引资、外商投资、社会捐赠、个人出资等，以加快羊平雕刻旅游区的建设。

预计旅游保障需要资金 62 万元，近期 21 万元，中期 18 万元，远期 23 万元。

第九节　投融资规划

羊平乡村旅游预期成本：近期、中期以及远期分别为 338.155 5 万元、534.491 4 万元、550.8 万元，共需资金约 1 423.447 万元，参见表 2-9-1；不同融资渠道投资，见表 2-9-2；近期、中期以及远期预期收益分别为 1 346.4 万元、

4 553 万元以及 3 843 万元，总收益为 9 742.4 万元，参见表 2-9-3；招商引资重点项目投资回报分析，见表 2-9-4。

表 2-9-1 羊平乡村旅游规划项目预期投资表

单位:万元

项目名称			近期投资	中期投资	远期投资	总成本	融资渠道
雕刻城北段长廊工程	绿化工程	绿化带	16.08	6	0	22.08	政府拨款
		人行道	1.6	6.68	0	8.28	银行贷款
		八卦花坛	0.0955	0	0	0.0955	政府拨款
	亮化工程	绿化带	2.28	3	3	8.28	政府拨款
		八卦花坛	0	0.1114	0	0.1114	政府拨款
	雕塑工程	安置塑像	0.1	0.1	0	0.2	政府拨款
		讲解系统	1	1	1	3	企业捐赠
	其他工程	环境治理	0.6	0	0	0.6	银行贷款
		建停车场	0.3	0.6	0	0.9	招商引资
	总计		22.0555	17.4914	4	43.5469	
羊平旅游环境建设工程	景区绿化	绿化带	6	10	5.6	21.6	政府拨款
		人行道	7	2	1.8	10.8	银行贷款
		羊平街道	3.6	0	0	3.6	政府拨款
	园区亮化	主街道	6	3	11	20	企业捐赠
		雕刻工厂	9.6	7	5	21.6	雕刻企业
	牌坊整修		2.6	0	0	2.6	企业捐赠
	环境治理	清理粉尘	1	1	1	3	村民集资
		引进设备	50	100	150	300	雕刻企业
		健康生产	0.2	0.2	0.2	0.6	政府拨款
		整修水渠	2	1	0	3	银行贷款
	总计		88	124.2	174.6	386.8	

续表 1

<table>
<tr><th colspan="3">项目名称</th><th>近期投资</th><th>中期投资</th><th>远期投资</th><th>总成本</th><th>融资渠道</th></tr>
<tr><td rowspan="10">石岗雕刻公园工程</td><td colspan="2">公园入口</td><td>0.5</td><td>0</td><td>0</td><td>0.5</td><td>招商引资</td></tr>
<tr><td colspan="2">雕刻戏楼</td><td>1</td><td>0.3</td><td>0</td><td>1.3</td><td>招商引资</td></tr>
<tr><td colspan="2">名人碑刻</td><td>0.5</td><td>1</td><td>0.5</td><td>2</td><td>招商引资</td></tr>
<tr><td colspan="2">木质街巷</td><td>0</td><td>0.6</td><td>0</td><td>0.6</td><td>招商引资</td></tr>
<tr><td colspan="2">公园绿化</td><td>1</td><td>2</td><td>0.5</td><td>3.5</td><td>招商引资</td></tr>
<tr><td colspan="2">音响系统</td><td>1</td><td>1</td><td>0</td><td>2</td><td>招商引资</td></tr>
<tr><td colspan="2">石质甬道</td><td>1.5</td><td>0</td><td>0</td><td>1.5</td><td>招商引资</td></tr>
<tr><td colspan="2">三层石楼</td><td>1</td><td>1</td><td>6</td><td>8</td><td>招商引资</td></tr>
<tr><td colspan="2">公园亮化</td><td>1.5</td><td>1</td><td>1</td><td>3.5</td><td>招商引资</td></tr>
<tr><td colspan="2">总计</td><td>8</td><td>6.9</td><td>8</td><td>22.9</td><td></td></tr>
<tr><td rowspan="13">黄石广场工程</td><td colspan="2">停车场</td><td>4</td><td>2</td><td>0</td><td>6</td><td>招商引资</td></tr>
<tr><td colspan="2">雕刻博物馆</td><td>2</td><td>10</td><td>11</td><td>23</td><td>招商引资</td></tr>
<tr><td colspan="2">酒店</td><td>0</td><td>260</td><td>300</td><td>560</td><td>招商引资</td></tr>
<tr><td colspan="2">黄石公祠堂</td><td>120</td><td>40</td><td>0</td><td>160</td><td>招商引资</td></tr>
<tr><td colspan="2">中心喷泉</td><td>0</td><td>6</td><td>3</td><td>9</td><td>招商引资</td></tr>
<tr><td colspan="2">道路建设</td><td>16</td><td>5</td><td>5</td><td>26</td><td>招商引资</td></tr>
<tr><td colspan="2">广场绿化</td><td>8</td><td>2</td><td>0</td><td>10</td><td>招商引资</td></tr>
<tr><td colspan="2">广场亮化</td><td>4</td><td>10</td><td>2</td><td>16</td><td>招商引资</td></tr>
<tr><td rowspan="4">其他设施</td><td>厕所</td><td>5</td><td>0</td><td>0</td><td>5</td><td>招商引资</td></tr>
<tr><td>购物区</td><td>2</td><td>1</td><td>0</td><td>3</td><td>招商引资</td></tr>
<tr><td>垃圾箱</td><td>2</td><td>0</td><td>0</td><td>2</td><td>招商引资</td></tr>
<tr><td>服务区</td><td>2</td><td>1</td><td>1</td><td>4</td><td>招商引资</td></tr>
<tr><td colspan="2">总计</td><td>165</td><td>337</td><td>322</td><td>824</td><td></td></tr>
<tr><td rowspan="4">其他建设工程</td><td colspan="2">政府大院改停车场</td><td>0</td><td>1</td><td>0.5</td><td>1.5</td><td>村民投资</td></tr>
<tr><td colspan="2">节事策划工程</td><td>2.5</td><td>3</td><td>3</td><td>8.5</td><td>招商引资</td></tr>
<tr><td colspan="2">废料二次开发工程</td><td>3</td><td>4.3</td><td>0</td><td>7.3</td><td>村民投资</td></tr>
<tr><td colspan="2">总计</td><td>5.5</td><td>8.3</td><td>3.5</td><td>17.3</td><td></td></tr>
</table>

续表 2

项目名称		近期投资	中期投资	远期投资	总成本	融资渠道
旅游商品开发	土特产品开发	0.2	0.1	0	0.3	村民投资
	雕刻文化产品开发	0.6	1	1	2.6	招商引资
	宗教旅游产品开发	0.3	0.5	0.7	1.5	村民投资
	石雕废料再利用	1	2	1	4	村民投资
	其他旅游商品开发	0	1	1	2	多元融资
	总计	2.1	4.6	3.7	10.4	
旅游营销宣传策划	节事营销	10	8	5	23	多元融资
	公共营销	2	0.5	0.5	3	多元融资
	网络营销	0.5	0.3	0.2	1	雕刻企业
	完善旅游标志系统	3	2	1	6	管委会出资
	广告营销	6	4	3	13	雕刻企业
	多元促销	1	0.2	0.3	1.5	多元融资
	总计	22.5	15	10	47.5	
人员培训	脱产培训	1	2	1	4	管委会出资
	在职培训	3	1	1	5	管委会出资
	总计	4	3	2	9	
保障措施	日常管理	4	3	3	10	管委会出资
	技术改进	9	3	6	18	雕刻企业
	高层人才培养与引进	3	10	13	26	管委会出资
	招商引资	5	2	1	8	政府投资
	总计	21	18	23	62	
预期投资总成本		338.1555	534.4914	550.8	1423.447	

注：表中数据与规划设计方案完成时一致，数值修约不再做进一步统一。

表 2-9-2　羊平乡村旅游规划项目不同融资渠道总体投资表

单位：万元

融资渠道	近期	中期	远期	规划期
政府拨款	33.3555	21.4114	9.8	64.5669
招商引资	176.4	348.5	334	858.9
银行贷款	11.2	9.68	1.8	22.68
雕刻企业	75.1	114.3	164.2	353.6
村民投资	5.5	8.9	3.2	17.6
企业捐赠	9.6	4	12	25.6
管委会出资	14	18	19	51
多元融资	13	9.7	6.8	29.5

注：表中数据与规划设计方案完成时一致，数值修约不再做进一步统一。

表 2-9-3　羊平乡村旅游规划项目预期收益表

单位：万元

项目	近期收益		中期收益		远期收益
	2008 年	2009 年	2010 年	2011 年	2012 年
景区门票收入	79.2	119.15	76.05	59.3	80.0625
旅游商品收入	26.4	118.75	228.15	474.4	320.25
农家食宿收入	0	59.375	38.025	59.3	80.0625
节庆表演收入	26.4	118.75	228.15	355.8	640.5
参与雕刻收入	105.6	178.125	228.15	237.2	560.4375
旅游商店收入	26.4	59.375	76.05	59.3	80.0625
石岗雕刻公园收入	0	59.375	304.2	355.8	640.5
雕刻博物馆收入	0	0	152.1	296.5	480.375
黄石公祠堂收入	52.8	118.75	228.15	237.2	320.25
黄石酒店收入	0	0	114.075	355.8	400.3125
恒州大酒店收入	79.2	59.375	76.05	118.6	160.125
其他旅游收入	0	59.375	76.05	118.6	80.0625
预期总收入	396	950.4	1825.2	2727.8	3843
	1346.4		4553		3843
	9742.4				

注：表中数据与规划设计方案完成时一致，数值修约不再做进一步统一。

表 2-9-4　羊平乡村旅游招商引资重点项目投资回报分析表

单位:万元

	石岗雕刻公园	雕刻博物馆	黄石公祠堂	黄石酒店	节庆表演	旅游商品开发
成本	22.9	23	160	560	8.5	10.4
收益	1359.875	928.975	957.15	870.1875	1369.6	1167.95
利润	453.05625	302.14125	175.0025	−255.434375	470.86	398.3825

注：①假设各项目经营费、所得税以及其他管理费将用去其收入的65%。

②表中数据与规划设计方案完成时一致，数值修约不再做进一步统一。

第三章　产业与城镇依托型乡村旅游扶贫规划：曲阳县齐村乡

本规划为河北省曲阳县齐村乡政府委托河北大学旅游研究中心于 2016 年 12 月完成。此项目主持人为邢慧斌教授，参加成员有王玉成、曾磊、陈永昶、段艳丽、刘静（研究生）、崔水莲（研究生）、赵龙等人。①

第一节　规划总纲

一、规划背景与实施意义

1. 规划背景

近几年来，随着人们生活水平的提高，旅游的发展不断升级，传统的观光旅游正在向休闲度假旅游转变。目前，世界旅游市场中休闲旅游所占比重越来越大，人们不仅仅重视“观光”，更注重休闲度假。面对这种情况，不少景区，尤其是观光型景区面临着游客增长停滞、经济效益下滑的困境。

（1）新时期推动旅游业升级的需要

近些年，国家政策积极推动产业的转型，并提出智慧化旅游的新观念。2014 年发布的《关于促进旅游业改革发展的若干意见》中指出，要加强旅游

---

① 本规划于 2016 年 12 月完成。为保证规划的完整性，本书中本规划的数据资料等仍以规划编制时间的情况为准，并未更新。

基础设施建设，由政府引导推动设立旅游产业基金。实施中国旅游商品品牌建设工程，重视旅游纪念品创意设计，大力发展具有地方特色的商业街区，鼓励发展特色餐饮、主题酒店等。2015 年 7 月发布的《关于进一步促进旅游投资和消费的若干意见》中指出，要实施旅游投资促进计划，新辟旅游消费市场，包括加快自驾车、房车营地建设，大力发展特色旅游城镇，大力开发休闲度假旅游产品，积极推动“互联网+旅游”，提升特色旅游商品开发，积极发展老年旅游，支持研学旅行发展，积极发展中医药健康旅游，等等。

曲阳县齐村乡具有良好的自然旅游资源和人文旅游资源，在本规划的指导下，可以使资源得到合理利用，推动当地旅游业的发展。

（2）京津冀一体化推动旅游业大发展的需要

为深入贯彻落实京津冀协同发展重大国家战略，加快推进京津双城联动发展，京、津两市于 2014 年 8 月 6 日在京签署《贯彻落实京津冀协同发展重大国家战略推进实施重点工作协议》。协议提出，建立旅游合作协调机制，做好两地规划衔接和合作项目对接。推进旅游市场互动，相互支持旅游展会活动。推动旅游公共服务一体化，加强旅游标准化建设。进一步完善两市旅游质监执法协作机制和应急处置机制。在京津冀协同发展的背景下，推动京津冀旅游市场协同发展。京津冀旅游大发展需要层级递进，从最基础的村级着手，逐步发展。

（3）河北省美丽乡村建设示范村的需要

国家旅游局 2006 年的旅游宣传主题为“2006 中国乡村游”，并且提出了“新农村、新旅游、新体验、新风尚”的鲜明口号。《河北省关于加快推进美丽乡村建设的意见》中提出，到 2020 年基本实现美丽乡村建设全覆盖，具备条件的农村全部建成“环境美、产业美、精神美、生态美”的美丽乡村。旅游业是美丽乡村建设的有效推动力，能在村庄规划、村庄建设、生态环境、经济发展、公共服务、乡风文明、基层组织、长效管理等方面全方位促进美丽乡村建设。齐村乡共 21 个乡村，其中 9 个为美丽乡村，美丽乡村发展尚不完善，为实现美丽乡村发展的需要，编制此规划。

（4）齐村乡发展全域旅游的需要

在新形势下，实施全域旅游战略是齐村乡加快转变经济发展方式，推动产业结构调整，培育新的经济增长点，推进转型的重大举措；是加快推进新型城镇化，加强生态文明建设，统筹城乡一体协调发展的主要途径；是保障和改善民生，扩大就业，增加收入，增进人民福祉，增强人民群众获得感、幸福感的重要抓手；是提升文明法治素养，营造良好社会风尚，培育和践行社会主义核心价值观的有效载体。实施全域旅游战略，对于统筹和引领全乡经济社会发展，如期全面建成小康社会，意义重大，影响深远。

2. 规划实施意义

（1）提升景区品质

通过齐村乡全域旅游规划的实施，可全面提升齐村乡各项旅游设施，夯实硬件基础，推进各景点规范化管理，提升景区软实力，实现旅游产业提质增速发展，塑造全新的乡镇旅游品牌。规划的实施对优化齐村乡旅游格局、构建综合型旅游目的地、打造绿色生态齐村具有巨大的促进作用。

（2）带动经济发展

发展全域旅游，可以提升旅游业发展能力，拓展区域旅游发展空间，培育区域旅游增长极，构建旅游产业新体系，培育旅游市场新主体和消费新热点。全域旅游有利于统筹实施供给侧结构性改革，促进供需协调；可以推动区域特色化发展，促进景点、景区内外协调；有利于推进乡村旅游提质增效，促进城乡协调；有利于完善旅游产业基础设施配套，促进软硬件协调发展；有利于提升整体服务水平，促进发展规模、质量协调。随着齐村全域旅游的发展及周边基础设施的完善和对外知名度的提高，游客人数持续增长，将带来大量的财流、物流和信息流，增加当地的社会就业机会，带动周边村民致富。旅游产业的发展会带动当地其他产业的发展，进一步促进地方经济发展。

（3）推动齐村乡脱贫建设

齐村乡有国家扶贫政策支持，重点发展“四万一千”，分别为万亩光伏、万亩核桃、万亩红枣、万亩生态林、千亩鲟鱼。“四万一千”工程的实施，为齐村乡的经济发展提供了强有力的产业支撑，在不久的将来齐村乡将实现稳定脱贫，并成为全县环境最美、百姓最富、发展后劲最足的乡镇。

二、规划范围

本规划以整个齐村乡 21 个行政村为规划范围，规划面积约 77.9 平方公里。

三、规划期限

规划期限为 2016 年到 2020 年，共 5 年，划分为两个阶段：

近期：2016—2017 年，乡村旅游融合发展期。

中远期：2018—2020 年，生态农业和乡村度假品牌提升期。

四、规划性质

本规划为乡村全域旅游发展规划，侧重于产业的谋划和项目的策划，对区域范围内的旅游发展起到总体指导、参照和约束的作用，是当地旅游发展的重要依据。

同时，本规划与美丽乡村建设相结合，全面改善村镇面貌和完善产业配套设施。改善社区环境，有效协调生活与生产的需要，有效协调农业与旅游产业的发展，协调旅游开发与农村土地整合的需要，改善人居环境，帮助老区农民脱贫致富。

五、规划实施原则

1. 保护乡土氛围

美丽乡村的建设是为了更好地保护乡村聚落环境，保护乡村传统文脉，绝不能以破坏传统建筑、大拆大建为代价，而应通过环境营建、改造及内部的整饬来构建浓郁的乡土氛围，本着保护及文化延续的角度来进行规划和开发。在充分发掘自身资源的基础上，根据不同时期的市场需求，组合相应的旅游产品来满足品味越来越高的游客的需求。在发展旅游业的同时，改善村民居住区的生态环境，大力建设村镇基础设施，为经济发展提供保障，并为村民创造良好的生活条件。

2. 村镇改造与发展旅游业相结合

结合美丽乡村建设的契机，此次旅游规划发展必须与村镇改造结合起来。改善社区环境，有效协调生活与生产的需要，有效协调农业与旅游产业的发展，协调旅游开发与农村土地整合的需要，改善人居环境，帮助老区农民脱贫致富。

3. 开发与保护相结合

齐村乡在旅游开发过程中，应以生态保护为原则，合理利用水土资源，各项活动开展以不破坏环境的整体性为前提，坚持“在保护中利用、在利用中保护”，实现齐村乡资源的可持续开发利用。齐村乡规划建设过程中，要坚持公平性原则、阶段性原则、持续性原则、共同性原则，实现共同发展、协调发展、公平发展、高效发展、多维发展。

第二节　规划基础

一、地理区位

齐村乡地处河北省保定市曲阳县西北部山区，地理坐标为北纬 38°43′，东经 114°32′。距离县城 23 公里，东与党城乡相连，西邻阜平县，南接行唐县和产德乡，全乡总面积 78.6 平方公里，辖 21 个行政村，分别是齐村、小口头、五会、店上、峪里、南雅握、北雅握、莲花沟、桃户地、舍山、古家庄、内河、西五会、辘轳沟、北赤岸、南赤岸、温家庄、刘庄、迈岭、东沙湾、西沙湾。

齐村乡处于燕山—太行山集中连片特困地区，是脱贫攻坚的重点区域之一。2016 年齐村乡有 17 个贫困村，贫困户有 1 101 户，贫困人口 2 865 人，贫困发生率为 19.55%。

二、自然环境

齐村乡为山区地貌，地势自西向东倾斜。其中白洋山海拔 344 米，坐落于齐村乡北部、王快水库南岸。齐村乡属于北温带大陆性气候，年平均气温 11.9 ℃，最热月 7 月平均气温 27 ℃，最冷月 1 月平均气温－5 ℃，年平均降水量 500 毫米，无霜期 189 天。齐村乡多为沙壤土，农作物主要有小麦、玉米、谷子和红薯，其中主要经济作物用地占耕地面积的 89%，经济作物占作物比例为 11%。

三、社会经济环境

齐村乡是王快水库移民村，农业人口 1.73 万人。齐村乡经济发展以红枣种植、核桃种植、生态林种植、畜牧养殖、渔业养殖为主导，以果品加工储藏与光伏发电为延伸，以休闲观光采摘旅游为带动，种养与加工相结合，农业与旅游业相结合，遵循经济发展与社会发展相结合的创新发展模式，综合实力显著增强，基础设施建设迅速发展，城乡面貌发生巨大变化，电力通信发展迅速，物流业发展迅猛，公共卫生、教育、社会保障事业蒸蒸日上，已形成辐射带动周边地区的区域中心。截至 2015 年底，齐村乡拥有央企 1 家，市级龙头企业 2 家，县内企业 2 家，成立种植、养殖、苗木等农民专业合作社 13 家，农户入社率达到 85%。地区总产值实现 3.7 亿元，其中第一产业 1.1 亿元，第二产业 2.08 亿元，第三产业 0.52 亿元，分别占总产值 29.7%、56.2%、14.1%。总收入 4 200 多万元，农村居民年人均可支配收入达到 4 985元。

四、旅游资源概况

目前，齐村乡旅游发展处于起步阶段。齐村乡利用广阔的山场资源和水资源，发挥传统种养优势，推广林果种植和水产养殖，走“打生态牌、唱特色戏、走品牌路、建后花园”的绿色崛起之路。

齐村乡山场面积广阔，达 9 万亩，境内有大一型水库 1 座，小二型水库 4 座，水资源丰富。如图 3-2-1 所示。

图 3-2-1　齐村乡王快水库一角

齐村乡充分发挥山水资源优势，结合五大片区建设，确定了“绿色崛起”的发展之路，大力实施扶贫开发“四万一千”工程。

万亩红枣种植基地，以刘庄、温家庄、迈岭等村为主，目前开发总面积已达到26 000亩，项目区达到人均 5 亩枣树，年产青枣 200 多万公斤、红枣 100 多万公斤，并配套发展了2 个红枣加工厂和 2 个红枣专业合作社。

万亩核桃种植基地，如图 3-2-2 所示。以南雅握、店上、峪里等村为主，目前栽植总面积达到11 000亩，成立 5 个专业合作社。项目区达到人均 1 亩核桃，并完成水、电、路等基础配套设施和 150 亩地管示范田建设。

图 3-2-2　齐村乡核桃示范基地牌

万亩生态林基地，以内河、辘轳沟、莲花沟等村为主，目前已经栽植速生杨、洋槐、侧柏、金银花等生态林 12 000 亩。万亩光伏发电项目由中国三峡集团新能源公司投入，总投资 25 亿元，占地 8 000 亩，一期、二期、三期工程 80 兆瓦已经正式运营发电，年发电量 9 625 万千瓦时。后期 20 兆瓦建设项目，截至 2016 年 12 月已并网 10 兆瓦，2017 年 5 月份能全部并网发电。工程全部完工后，将成为集科研、生产、旅游观光为一体的太阳能综合利用示范工程，开创太行山变成“太阳山”的先河。如图 3-2-3 所示。

图 3-2-3 齐村乡万亩光伏发电项目一角

千亩鲟鱼养殖基地，以北雅握、南雅握、小口头等村为主，位于王快水库下游，水资源丰富，目前已成立 2 个养殖专业合作社，养殖水域面积达到 750 多亩，年产鲟鱼 160 余万尾。

五、发展环境优势与劣势分析

1. 优势分析

（1）交通优势

齐村乡隶属保定市曲阳县，位于曲阳县西北部山区，距县城 23 公里。南偏西距省会石家庄 70 公里，北偏东距首都北京 200 公里，北距保定 80 公里，东北距天津 190 公里。交通条件便利，省道 241、382，京昆高速，保阜高速从此经过。

（2）资源优势

齐村乡利用广阔的山场资源和水资源，发挥传统种养优势，推广林果种植和水产养殖。齐村乡山场面积广阔，达 9 万亩，境内有大一型水库 1 座，小二型水库 4 座，水资源丰富。齐村乡充分发挥山水资源优势，结合五大片区建设，确定了“绿色崛起”的发展之路，大力实施扶贫开发“四万一千”工程。规划区域内资源种类丰富，涵盖了八大类景观资源，既包括西汉末年的古槐树、狮头桥、大石塘等，也包括优美的自然景观及反映抗战时期的优秀事迹和遗迹的人文景观。

（3）客源优势

齐村乡临近北京、天津两大核心消费市场，景区以京津冀作为核心客源地，同时辐射华北其他客源市场，旅游客源庞大，潜在客源消费能力非常强。

2. 劣势分析

（1）产业单一

目前齐村乡基础产业有待提升，集体经济薄弱，村民以种植业为主要经济来源，暂时尚未形成高效型产业。同时劳动力流失严重，很多青壮年外出打工，造成当地劳动力不足。

（2）用地布局零乱

通过现场探勘和对地形图的解读，规划组认为村域用地分布比较分散、布局比较零乱，主要缺少公共活动场所和集中绿地；不同功能的用地相互混杂，功能分区不明确；存在部分地域用地混乱的情况，盲目无序化建设已占用大量村庄建设用地。因此，村庄可发展用地有限，这制约了村庄未来的发展。

（3）现有建筑风格杂乱不统一

齐村乡现有住宅建筑分布散乱，房型老化、陈旧且结构不合理，部分建筑破坏了村庄整体的建筑色彩和原有风格。村民宅基地与村内道路间的关系不规则，因而在宅基地与道路之间出现了许多闲置的用地。这些用地被用来堆放垃圾或堆放柴草、石砾，造成了土地资源的浪费和村庄整体景观的破坏。

（4）基础设施滞后，服务接待设施匮乏

齐村乡旅游处于起步阶段，景区服务设施尚不完善。景区未设立游客中心、停车场、旅游厕所，景区接待能力有待提升，且缺乏专门管理机制及有效管理体系。同时，村内基础设施条件较差，垃圾无统一处理和堆放的地方；道路狭窄、无标志，村巷空间脏乱差，缺乏应有生机与活力；村内的生活污水属自然排放的状态，没有经过任何处理，容易对地下水造成污染。

齐村乡公共服务设施种类相对较少，服务半径不能达到要求，公共服务设施有待进一步补充完善，以满足村民日常生产、生活的要求。

（5）居住区环境较差

村庄建设缺乏有规划的有效指导，乱搭、乱建现象较严重，环境条件较差，环卫设施缺乏。村内缺乏公厕、垃圾收运等环卫设施，垃圾随意堆放现象严重，宅前屋后及公共场地的环境有待进一步提高。村庄空间变化较单调，空间节点不明显，建筑单体造型简单且风格不一，缺乏整体风格，不能串点成线、连贯布局，且房屋大小混杂、新旧交错，不利于创造有机连续的村庄景观。村庄大部分水体周边随意堆放柴草和垃圾，对村庄的环境景观造成了破坏。

第三节 旅游资源分析与评价

一、旅游资源分析与评价

根据国家旅游资源分类标准《旅游资源分类、调查与评价》（GB/T18972—2003），项目组对齐村乡旅游资源进行了调查和统计，结果显示齐村乡包含众多旅游资源单体，可分为8大主类、21个亚类、48个基本类型。具体见表3-3-1。

表3-3-1 齐村乡旅游资源单体表

主类	亚类	基本类型	旅游资源单体
A 地文景观	AA 综合自然旅游地	AAA 山丘型旅游地	山岭、山坡
		AAB 谷地型旅游地	沟谷
		AAG 垂直自然地带	山地常绿阔叶林垂直自然带
	AC 地质地貌过程形迹	ACH 沟壑地	丘陵、坡地
		ACN 岸滩	河岸滩、湖岸滩
B 水域风光	BA 河段	BAA 观光游憩河段	沙河河道
	BB 天然湖泊与池沼	BBA 观光游憩湖区	王快、店上、汪桥里、清水江水库
	BD 泉	BDA 冷泉	地表泉

续表 1

主类	亚类	基本类型	旅游资源单体
C 生物景观	CA 树木	CAA 林地	核桃林，侧柏林、板栗林、白桦林、杨树林、枣林、洋槐树林等
		CAB 丛树	竹柳、松树等
		CAC 独树	千年老槐树
	CC 花卉地	CCB 林间花卉地	杏花、枣花、槐花、桃花、杜鹃花、樱花等
	CD 野生动物栖息地	CDA 水生动物栖息地	虾、蟹、龟、鱼、鸭、鹅
		CDB 陆地动物栖息地	野兔、刺猬、山鸡、松鼠、狍子、狐狸、獾等
		CDC 鸟类栖息地	布谷鸟、啄木鸟、红斑鸠等
D 天象与气候景观	DB 天气与气候现象	DBB 避暑气候地	乡村避暑气候地
E 遗址遗迹	EB 社会经济文化活动遗址遗迹	EBA 历史事件发生地	抗日战争、解放战争发生地
		EBB 军事遗址与古战场	撩敌台、地道
		EBE 交通遗迹	古御道
F 建筑与设施	FA 综合人文旅游地	FAA 教学科研实验场所	田园风光地、光伏园区、郊野写生地、红色文化村落
		FAB 康体游乐休闲度假地	垂钓区、写生地、光伏园区、别墅群
		FAE 文化活动场所	村文化广场
		FAF 建设工程与生产地	水库、堤坝、梯田、桥、水井、输电线路等工程；红枣加工、鲟鱼养殖场等生产地
		FAK 景物观赏点	龙王庙、五道庙、撩敌台、资圣寺
		FAG 社会与商贸活动场所	村镇集市
	FC 景观建筑与附属型建筑	FCI 广场	戏台、村文化广场
	FD 居住地与社区	FDA 传统与乡土建筑	传统住宅、祠堂、小桥、寺、庙、庵、塘等
		FDG 特色店铺	旅游购物商店（石雕、曲阳烧饼、农产品）

续表 2

主类	亚类	基本类型	旅游资源单体
	FG 水工建筑	FFA 桥	石拱桥
		FFB 车站与码头	北赤岸码头、齐村乡公共汽车站
		FGA 水库观光游憩区段	王快、店上、汪桥里、清水江水库观光游憩区段
		FGB 水井	村水井、深水井
		FGD 堤坝段落	村堤坝
	FF 交通建筑	FGE 灌区	小型农业灌溉区
		FGF 提水设施	水泵
G 旅游商品	GA 地方旅游商品	GAA 菜品饮食	野菜、烧饼、大馒头、柴鸡蛋、玉米豆面糍粑、鲜萝卜、绿色菜汁汤
		GAB 农林畜产品与制品	樱桃、酸枣、核桃、蜜桃、猪、羊、牛、鱼、鹅
		GAC 水产品与制品	鲟鱼
		GAE 传统手工产品与工艺品	石雕工艺品
H 人文活动	HA 人事记录	HAA 人物	王建华、王合林、王米贵、王进林
		HAB 事件	抗日战争时期事件
	HB 艺术	HBB 文学艺术作品	村民与敌斗争等系列文学著作
	HC 民间习俗	HCA 地方风俗与民间礼仪	二十四节气习俗
		HCB 民间节庆	灯会等
		HCD 民间健身活动与赛事	广场舞、跳绳、拔河等
		HCF 庙会与民间集会	乡村庙会、集会
	HD 现代节庆	HDC 商贸农事节	农产品交易会

1. 旅游资源分析总结

（1）自然旅游资源

区域的自然旅游资源种类多样，植被丰富，已栽植速生杨、洋槐、侧柏、金银花等生态林 12 000 亩；生态环境良好，以山体作为与外界隔离的媒介，更好地创造了优雅的自然景区环境；水质纯净，水资源生态良好；凭借良好的自然环境，可打造氧吧新城，成为都市人的第二养生居所，让人们暂时脱离烦躁城市生活。

（2）人文旅游资源

区域人文旅游资源比较丰富，具有较大开发潜力。有红色文化据点，传承和发扬共产党的革命精髓，有古寺、庙宇、石塘等古遗址，显示出一定的历史、文化底蕴。可以对当地人文资源进行深入的挖掘与开发，打造出相应的红色文化为主体的系列旅游产品，依托文化资源的吸引力，打造形成整个区域旅游发展的吸引核。

2. 旅游资源评价

依据旅游资源单体评价总分，将齐村乡旅游资源分为五级，从高到低为：五级旅游资源，得分值域 90 分及以上；四级旅游资源，得分值域 75～89 分；三级旅游资源，得分值域 60～74 分；二级旅游资源，得分值域 45～59 分；一级旅游资源，得分值域 30～44 分；未获得等级旅游资源，得分为 29 分及以下。

根据旅游资源评价标准，结合齐村乡旅游资源与周边旅游资源的差异性，对齐村乡主要旅游资源实施如表 3-3-2 所示分级评价：

表 3-3-2　旅游资源分级评价表

主要旅游资源	旅游资源等级
红色文化、千年老槐树、王快水库	AAAAA
光伏园区、地道	AAAA
红枣加工区、鲟鱼养殖区、生态林、核桃林、垂钓区、文学作品系列展、田园水域风光美术及摄影展、别墅群	AAA
农家乐、土特产（枣、核桃）与节庆活动（桃花节、樱花节）	AA
桥、广场、集市	A

注：①AAAAA 表示五级旅游资源。
②AAAA 表示四级旅游资源。
③AAA 表示三级旅游资源。
④AA 表示二级旅游资源。
⑤A 表示一级旅游资源。

二、景观质量现状分析

1. 评分分项分析

借鉴《旅游景区质量等级划分与评定》细则二：景观质量评分细则，立足山区旅游资源特点和乡村旅游特征，本规划构建了两方面九大评价指标体系，对齐村旅游资源进行评价（见表 3-3-3）。

表 3-3-3 景观质量现状分析表

评定项目			自检得分	差距分数	现状分析	类型
资源吸引力	观赏游憩价值（40分）	1. 资源品牌价值（20分）	15分	5分	村域内沟谷众多，山峰林立，植被茂密，流水潺潺，原始林地、草地景观保持完好，具有较高的观赏游憩价值；村域民风淳朴，有着深厚的历史文化内涵；在抗日战争和解放战争时期，许多革命志士曾在此演绎军旅生涯惊险的一幕幕，有着一定的历史文化价值基础；但当地景观的科学价值及参与体验价值都有待挖掘	√
		2. 珍稀奇特价值（10分）	5分	5分	本区域属于半旱生森林草原植被区系，其中多种植物可以入药；植被垂直分布特征极为明显；但景区只拥有少量珍稀物种或珍贵文物，如店上村内有千年槐树，据说为王莽所种	•
		3. 规模与丰度价值（5分）	4分	1分	村域为红色革命老区，红色文化丰富；王快水库为河北省第三大水库；光伏园区、核桃林、枣林、生态林达上万亩；鲟鱼养殖达上千亩	√
		4. 完整性价值（5分）	4分	1分	该区资源实体完整，保持着原始形态与结构；绝大多数村落至今仍保持着浓厚的传统生活方式，其建筑风格、陈列装饰为原汁原味的太行石头村建筑格调；生态性完好，植被破坏率基本为零	√
	5. 主题特色魅力（15分）		10分	5分	村域内开发了光伏科普文化基地，形成了特色主题，具有一定独创性	•
	6. 综合消费功能（15分）		9分	6分	景区主题餐饮特色突出，住宿能够满足多种类型消费者的需求，旅游购物场所健全，旅游服务类型多样，综合消费潜力较高	•

续表

评定项目		自检得分	差距分数	现状分析	类型
市场影响力	7. 知名度（10分）	3分	7分	目前该地在曲阳县内知名，辐射保定市以及周边地区，河北省省内稍有名气，但知晓范围较窄，未普及到大众，在旅游网站（搜索引擎）的旅游排名中不突出	•
	8. 美誉度（10分）	4分	6分	大多游客对齐村乡乡土气息赞不绝口，但对产品种类及服务质量意见颇多	•
	9. 辐射力（10分）	3分	7分	主要客源市场为保定市、曲阳县以及周边地区，辐射力小	•
合计	100分	57分	43分		

注：①√现状基础较好，已经满足栏目评分要求。

②•有一定基础，通过短期工作和努力整改比较难获得栏目高分或满分。

2. 分析总结

由表3-3-3可知，齐村在资源吸引力和市场影响力方面有较大旅游发展潜力，但也存在不足。

（1）资源吸引力

齐村乡内自然、人文旅游资源丰富，资源游憩价值高：拥有主题鲜明的特色旅游地，村域辨识度较高；但区内资源消费功能类型少，基础服务设施严重匮乏（见图3-3-1）。

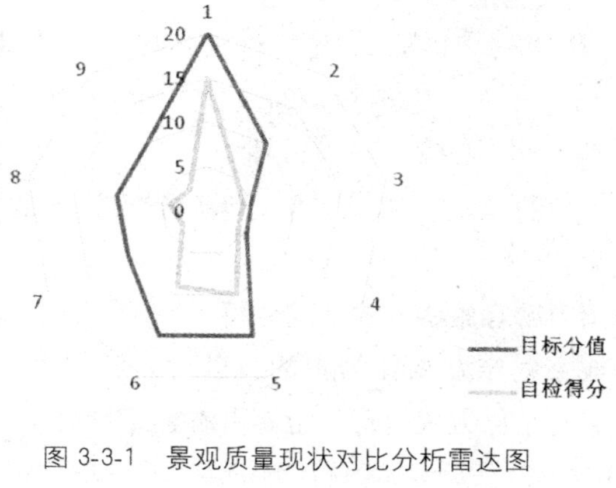

图3-3-1　景观质量现状对比分析雷达图

（2）市场影响力

目前齐村乡旅游客源市场以保定、曲阳及周边地区为主，虽然区域内资源规模大、丰度高，但市场上对该村域知晓的游客较少，市场辐射力小；市场营销体系尚未建立，知名度、美誉度等方面有待提升（见图 3-3-1）。

第四节　旅游市场分析

一、客源市场分析

1. 河北省客源市场分析

（1）河北省国内游客客源地情况分析

根据《2015 年河北省国内游客抽样调查报告》，河北省国内游客客源地分布情况如下：

第一大客源市场为本省居民，比重为 35.15%。

第二大客源市场为北京等周边省市，比重为 40.37%，主要包括：北京（17.03%）、天津（6.72%）、山西（5.18%）、山东（4.31%）、河南（4.20%）、辽宁（2.93%）等 6 省市。

第三客源市场为中远距离省市及华东省市，是具有增长潜力的客源市场，比重为 19.99%，主要包括：湖北（1.97%）、江苏（1.93%）、吉林（1.76%）、上海（1.73%）、陕西（1.43%）、内蒙古（1.65%）、海南（1.33%）、甘肃（1.29%）、广东（1.22%）、安徽（1.22%）、江西（1.19%）、湖南（1.14%）、浙江（1.12%）、黑龙江（1.01%）等 14 省市。

以西部地区为主的远距离和经济相对落后省市是河北省国内旅游的第四客源市场，比重为 4.49%。

（2）河北省国内游客旅游方式情况分析

以个人出行或家庭亲友结伴为主的自助游是游客最为喜爱的旅游方式。其中，以家庭、亲友结伴方式出行的游客占游客总量的 35.70%，个人旅行的游客占总量的 21.97%，以上两者总计 57.67%。由单位组织的游客占总量的 14.65%，旅行社组织的游客占总量的 14.41%。

（3）河北省过夜游客与一日游游客构成情况分析

河北省景点过夜游客人数比重为69.57%，其中在住宿单位过夜的游客人数占过夜游客总量的7.24%，平均停留天数为1.40天，人均花费786.81元；在亲友家过夜的游客人数占过夜游客总量的7.24%，平均停留天数为1.86天，人均花费579.56元；一日游游客比重为30.43%，人均花费486.88元。

（4）河北省国内游客消费构成情况分析

抽样调查结果显示：河北省旅游消费构成中，交通费所占比重最大，为24.86%；住宿费次之，为21.48%，其他费用为餐饮费占17.27%，游览费占14.57%，购物费占11.70%，娱乐费占4.92%，其他占5.20%。

（5）河北省国内游客旅游目的情况分析

抽样调查结果显示：来河北省观光游览的游客比重最大，占总量的40.27%，人均花费686.83元；休闲度假类游客次之，占总量的34.34%，人均花费769.26元；其他按比重大小排序依次是：探亲访友类（6.97%和682.68元）、商务类（5.29%和861.29元）、会议类（4.33%和751.37元）、文化/科技/教育交流类（1.47%和737.9元）、宗教/朝拜类（1.00%和608.27元）以及其他类（6.33%）。

2. 保定市客源市场分析

2015年，从客源地看，保定市旅游前五大客源地分别是河北省（41.39%）、北京市（10.17%）、天津市（7.56%）、山东省（8.61%）和山西省（6.50%），共占保定市国内游客接待量的74.23%。这一方面说明保定市客源市场集中度高，集中在保定周边省市，有利于集中营销；另一方面说明保定市要大力开拓中远程市场，加强推介和宣传。

3. 曲阳县客源市场分析

目前，曲阳县的境外游客所占比例较小，韩国和日本是境外主要客源地；国内游客以河北省内的石家庄、保定、邢台、邯郸等市和省外的北京、天津的游客居多。曲阳现有客源市场都处于曲阳县300公里旅游圈范围内，说明曲阳县旅游客源以近程游客为主。

二、细分市场分析

1. 观光游览

中国旅游业已进入由观光向休闲度假转型的阶段，但在相当一段时间内观光游客仍然是旅游的主体人群。省内及周边省市出游率较高的城镇居民，是外出旅游休闲的主要群体，是旅游营销的重点目标市场。

2. 文化体验

旅游是异地性体验，旅游产品和服务的最终目的就是为游客创造体验的全过程。文化体验是旅游的核心。独特的文化是旅游目的地的核心吸引物，也是旅游目的地提升竞争力的关键所在。文化体验旅游者是受众面广的旅游细分市场。

3. 政务考察

政务考察是指共产党员、政府公务员以及民主党派人士进行参观、学习、考察、指导的政务活动。此类市场因不受季节、价格等因素的影响而成为旅游区青睐的市场。

4. 艺术写生

写生游客看重旅游产品质量，对价格敏感度较低。同时，该群体比一般的观光游客逗留时间长，不受气候和旅游季节的影响。齐村乡周边各大城市高校数量多、规模庞大、市场需求强烈。齐村乡应打造艺术写生基地，使周边在校艺术生成为其最稳定的市场群体之一。

5. 红色旅游

红色旅游是爱国主义教育与旅游产业相结合的一种新兴旅游产品，从2004年下半年开始红色旅游热席卷全国。红色旅游以弘扬爱国主义精神的革命活动历史遗迹和精神瑰宝为主要吸引物，寓教于游、寓教于乐，吸引了大量游客。

6. 自驾车旅游

近年来，随着经济发展和个人可支配收入的增长，私家车拥有量增加，消费者旅游心理日趋成熟，全国交通网络不断扩展与完善，国内自驾车旅游进入飞速发展时期。自驾车游客一般会综合考虑交通、时间、地理等因素，优先选择公路通达条件较好、风景较美的城市周边旅游区，呈现出近地域流动的特点。

三、客源市场定位

1. 区域客源定位

（1）核心市场

保定及石家庄、邢台等保定周边区域是核心市场。这些城市都在距离项目地200公里交通圈范围内，交通便利，消费水平较高，出游能力较强。

（2）重点市场

河北省其他城市以及北京、天津、河南、山东、山西等周边省市是重点市场。这些地区距离景区较远，属于中程距离旅游。但是这些地区的交通条件便利、游客出游次数较多、消费能力强等特点，迎合了景区中远期发展的战略定位，因此这些地区成为景区开发的重点客源市场。

（3）拓展市场

东北地区、长三角及珠三角等远程市场是景区拓展市场。这些地区经济实力强、人员出游频繁、旅游消费高，应积极创造机会拓展这部分地区的市场份额。

2. 细分市场结构定位

齐村乡旅游细分市场基于四类客源构成：基本支撑客源、核心支撑客源、拓展支撑客源和机会支撑客源（见表3-4-1）。

表3-4-1　细分市场结构

客源	市场定位
基本支撑客源	新农村建设成功经验考察旅游群体
核心支撑客源	新农村生活体验旅游群体
拓展支撑客源	新农村文化生态休闲群体
机会支撑客源	新农村文化创意体验群体

四、市场规模预测

齐村乡旅游处于起步阶段，游客量和游客消费情况等数据资料尚未进行详细统计，因此对齐村乡客源市场情况的预测主要是利用参照法，通过与齐村乡相似景区的比较以及结合齐村乡资源特色、产品品质和市场需求进行了如下预测：

近期（2016—2017 年），为起步阶段，景区接待游客量逐年递增，2017 年接待游客人数约 6 万人次（见表 3-4-2）。

中远期（2017—2020 年），为快速发展阶段，游客数量快速增长，到 2020 年实现年接待人数 12.8 万人次（见表 3-4-2）。

表 3-4-2　市场规模预测表

年份	低方案		中方案		高方案	
	增长量	游客量/万人次	增长量	游客量/万人次	增长量	游客量/万人次
2016 年		2.0		2.0		2.0
2017 年	30%	2.6	40%	2.8	50%	3.0
2018 年	35%	3.5	45%	4.1	55%	4.7
2019 年	40%	4.9	50%	6.2	60%	7.5
2020 年	50%	7.4	60%	10.0	70%	12.8

第五节　发展思路与定位

一、总体思路

在齐村乡全域旅游景区规划中，把握问题导向、精准创建、创新驱动等方面来推进总体思路（见图 3-5-1），提升景区的服务品质和产品丰富度，实现其品牌价值的塑造。

1. 问题导向

以发现问题、剖析问题、解决问题为出发点，找准景区创建过程中存在的各项问题。

2. 精准创建

分析景区资源优势，以成功创建齐村乡全域旅游景区为目标，有针对性地严格按照各项标准创建提升。

3. 创新驱动

在标准规范的基础上，创造性地根据景区实际情况与发展需要，探寻符合景区发展的创新模式。

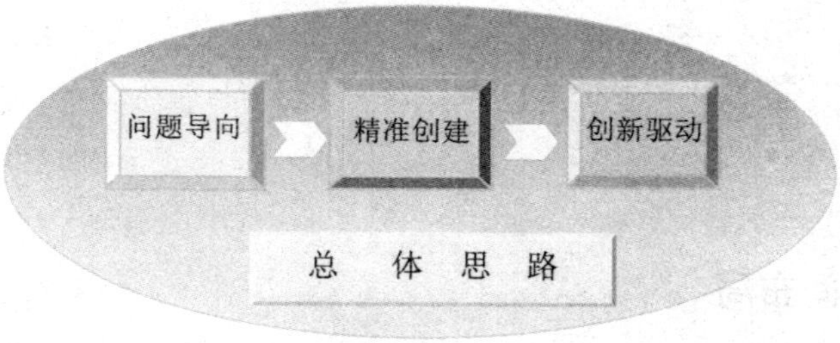

图 3-5-1　规划总体编制思路

二、目标定位

1. 功能定位

整体项目以整个齐村乡 21 个行政村为规划范围。齐村乡以绿色生态观光、休闲度假和红色文化体验为特色，以“四万一千”工程为依托，打造绿色生态文化、红色文化、度假休闲、研学养生于一体的综合性生态观光旅游景区。

2. 形象定位

本规划将齐村乡旅游景区的形象定位为现代生态农业休闲度假旅游区。

形象解读：该景区拥有自然生态美景，又有高科技园区和悠久的历史文化底蕴，同时有高品位的配套服务设施作为支撑，是集文化体验和度假休闲于一体的游览胜地。

3. 宣传口号

景区的宣传口号：

绿色生态，休闲齐村

4. 品牌定位

第一个层次：打造区域知名、效益显著的现代农业园区。

第二个层次：打造河北省现代农业创新示范基地和优质特色农产品生产基地。

第三个层次：打造国内外知名的生态农业品牌、优质农产品品牌、中国美丽乡村。

第六节　功能分区

一、空间布局

本规划以全域旅游为理念，通过“一核、一湖、三廊道、四区”的乡村旅游空间布局，突出“二龙戏珠”的空间形象；通过重点建设项目，推动齐村乡全域旅游发展和深入推进旅游扶贫工作。

1. 空间形象

齐村乡景区空间形象设定为：二龙戏珠。

2. 形象依据

齐村乡共有 9 个美丽乡村，为本次规划的乡村旅游重点区域之一。这9 个村庄集中分布在规划区西南区域，呈线性分布，有“龙之九子”之形。

齐村乡东北部分布着王快水库等水体旅游资源，规划将着力打造滨水游憩观光带，形成“蛟龙出水”之势。

虎山位居齐村乡西北，呈“龙腾虎卧”之势。

在齐村乡各自然村，尤其是王快水库沿途村落，建有龙王庙并流传着众多跟龙有关的传说和故事。

齐村乡政府所在地商业基础较好，可规划为旅游综合服务中心和游客集散中心。9 个美丽乡村和王快水库为主的滨水游憩观光带沿着乡政府呈东、西对称分布，有“二龙戏珠”之韵。

对齐村乡规划的旅游交通倚环形道路网着力打造骑行、慢游绿道，有“玉带缠腰”之形。

3. 空间布局规划

整体空间布局确定为一核、一湖、三廊道、四区（见表 3-6-1）。

一核：齐村乡旅游综合服务中心。

一湖：王快水库。

三廊道：旅游绿道＋两轴（美丽乡村景观线和滨水游憩线）。

四区：依据齐村乡所打造的“四万一千”项目所属区域，打造红枣产业园区、文化体验区、观光休闲区以及郊野游憩区等四大功能区。

表 3-6-1　齐村乡空间布局一览表

空间布局	分区	功能定位	项目构成
一核、一湖、三廊道、四区	一核	齐村乡旅游综合服务中心	停车场；游客中心；住宿、餐饮中心；购物中心
	一湖	王快水库	垂钓区；码头
	三廊道	旅游绿道 美丽乡村景观线 滨水游憩线	骑行、慢游绿道 美丽乡村景观大道 滨水带游憩线路
	四区	红枣产业园区	红枣产业基地
		文化体验区	光伏公园；红色文化体验区
		观光休闲区	滨水带游憩线路、农家乐现代农业园
		郊野游憩区	写生基地；垂钓区；码头；北赤岸文化广场

二、“三廊道”项目规划

1. 骑行、慢游绿道

（1）绿道及沿线景观设计

绿道在公路两边，颜色多样，有红色、绿色、紫色，能明显同暗灰色的沥青路面区分开，宽度在 2 米左右。大部分绿道都有绿化带同机动车道隔离开来。如图 3-6-1 所示。

在景观特别好的地方设有观景台。骑行者可以停下脚步，到观景台上一赏湖光山色，骑行累了，还可以到沿途驿站做休整。

图 3-6-1　绿道效果图

沿途各乡村入口处设驿站，驿站内基础服务设施齐全，可以吃饭、住宿，还可以租借自行车。在前一个驿站租借的自行车，可以在其他驿站退还。两个驿站之间间隔 7 公里左右。

在绿道沿线范围内铺设慢行道路系统，配备照明、通信、座椅、厕所等基础设施，设立停车场、交通接驳站点和具备综合功能的游客服务中心，并布设统一的标志系统。如图 3-6-2 所示。

图 3-6-2　绿道效果及相关标志

（2）道路系统建设要求

①宽度标准。根据绿道的不同使用功能和所在地区，规定步行道宽度为1.5～2 米，自行车道宽度为 1.5～3 米，综合型绿道宽度为 3～5 米。

②路面材料。在满足使用功能和强度的基础上，鼓励使用环保活性材料，尽量多采用软性铺装材料，同时考虑与环境的一致性。步行道一般用透水砖、混凝土、砾石、石块等材料；自行车道可采用沥青、透水地坪、混凝土等材料；综合型绿道可采用沥青、透水地坪、混凝土、透水砖等材料。

③路面颜色。步行道颜色可因地制宜，以容易辨认为标准；自行车道统一用白线标志，路面颜色选用暗红色、黑色等深色调；综合型绿道颜色可视其所用材料而定。

④坡度设计。绿道的坡度应与自然条件下的横坡、纵坡坡度相一致（坡度参考值见表 3-6-2）。

表 3-6-2　坡度与绿道适宜性参考表

类型	纵坡坡度参考值	横坡坡度参考值
人行道	3%为宜，不超过 8%	2%为宜，不超过 4%
自行车道	不超过 12%	不超过 4%
综合型绿道	3%为宜，不超过 8%	2%为宜，不超过 4%

⑤入口设计。绿道入口应有醒目的标志牌和无障碍通道。

⑥盲道与无障碍设施设计。参照《城市道路和建筑物无障碍设计规范》（JGJ50—2001）等相关规范要求，合理设置盲道及无障碍设施。

2. 美丽乡村景观大道

选址：五会、店上、峪里、莲花沟、舍山、刘庄、温家庄、迈岭、西沙湾等 9 个美丽乡村。

（1）乡村外部交通升级

乡村外部的道路交通必须保证畅通整洁，路面硬化情况良好，警示、避让标志系统完善，道路两旁绿化充分，无违章建筑和乱堆乱放等现象，道路材质一般为沥青、水泥等。

（2）乡村内部交通升级

乡村内部道路改造提升可与“美丽乡村”建设有机结合，实现内部路网完善，道路两旁无违章建筑、乱堆乱放现象，宅间路确保畅通；完善机动车系统和步行系统，健全独立的生产（消防）通道、观光车专用道、自行车专用道、步行专用道等，可提供代步租赁服务。内部道路用料可选择与乡村风格一致的水泥、鹅卵石、石板等材料。

（3）乡土动植物融入

乡村特有的动物或植物，作为乡村的典型特征，应用到乡村道路景观营造上，可以更好地展现乡村风情。除了种植大量的树木，还可培育本土花卉及爬藤、荫生、兰科、蕨类、地衣等植物，让微生物、昆虫和野生小动物都能找到繁衍生息的栖息地，蜂蝶招展、蝉鸣蛙叫，一路起伏变化。

（4）配套设施升级

乡村旅游交通的配套设施包括停车场、服务驿站、道路标志系统等，容量应满足游客接待需要，在建筑理念上应以生态环保为首要考虑因素。

（5）文化比重升级

应注重民风民俗等乡村文化的展现，通过乡村文化主题小品、特色标志牌、特色文化展示等方式，构建融山水画卷、田园风光、历史文化、民俗风情等于一体的乡村旅游靓丽风景线。

3. 滨水带游憩线路

选址：北雅握村。

设计思路：围绕北雅握王快水库滨水区的可持续发展，综合考虑“游憩、景观、生态”三元素，按照“水清、岸绿、景美、游畅”的规划要求来进行设计。依据承载的景观资源将场所划分为河、堤、园、林、田、路，形成相应的景观规划、休闲游憩规划。

河：进行大沙河河道整治，岸边开辟亲水平台，以利于日常游憩，完善该处旅游景观设施。设计效果如图 3-6-3 所示。

堤：建设堤岛相互连接、岸线曲折变换的自然水景，并加强堤路上的植物景观改造，结合良好的自然环境形成柳岸闻莺的特色景观。

园：将滨水开放空间的绿地功能与休闲功能融合起来，设置临湖水榭使游人可品茗小憩、凭栏望湖、露营，感受不同的滨水景观特色。

林：建成百米林带。

田：对农田肌理进行保护完善，满足游客可以进行耕田、收割的农作体验要求。

路：对堤顶路加以改造，形成环湖道路，具有环湖观光游览、开展体育活动、沟通景点等多项功能。结合防洪堤进行环湖景观绿化，形成花园林荫路，除局部地段外不允许任何社会车辆进入，仅供旅游度假区内部专用游览车和电瓶车通行。将堤岸、道路进行适当改造，留出充足的环湖绿化带，创造优美的观光游览空间。

图 3-6-3　大沙河整治效果图

三、“四区”项目规划

1. 红枣产业园区：打造红枣产业基地

选址：温家庄、刘庄及其邻近区域（齐村乡西南角）。

设计思路：

（1）枣园景区化

本着全域旅游的理念，将枣园按照景区一般原则和园林的基本构景手法进行设计，通过建设游览步道和设置旅游项目以及建设旅游建筑小品，为游客提供休闲和观光的旅游设施和空间。同时，通过对红枣进行品种改造和品种改良，增加新、异枣品种，使之成为一处生态枣林观赏区，形成一种自然式、田园化的空间形态。

广泛种植无公害的枣树，开展观光、游览、采摘等活动，形成可观、可游并具有科普教育功能和较高参与性的新型旅游景观。

对温家庄及周边村域的田园、林地进行改造，完善游览道路，突出乡野自然风光，配套游赏设施，并在重点地段设置休息亭廊和观景设施。

（2）原枣深加工

进行蜜枣、干制精品红枣、香酥脆枣、贡枣的深加工，改造生产车间、原料间等土建工程和生产线配套设备。

加工工艺流程：

蜜枣：原料选择—分级—清洗—划缝—糖煮—浸渍—烘焙—制形—焙干—分级—包装。

精品红枣：挑选分级—清洗—装盘—预热—干燥完成—散温贮收—包装。

香酥脆枣：鲜枣拣选—清洗—去核—清洗—护色—油炸—冷却—脱油—包装。

贡枣：选料—去核—清洗—煮制—糖渍—洗糖—干制—包装。

2. 文化体验区：打造光伏公园、红色文化体验区等精品项目

（1）光伏公园

选址：万亩光伏基地（齐村乡东南角）。

①总体设计思路。目前，该区域的资源主要是山顶成片的太阳能板，拟打造的光伏公园旨在基于目前的资源和风貌基础，通过园林式构景手法的运用，打造集观光、休闲于一体兼顾隔离、装饰坡道和供短暂休憩等旅游功能的山体公园。如图 3-6-4 所示。

图 3-6-4 光伏公园主要景观

园内应设置简单的休憩设施，植物配置应考虑与乡村环境的关系及园外行人、乘车人对公园外貌的观赏效果。同时，作为光伏基地，应有体现本园特点的科普展览区和相应的科研实验区，景观设计应将园地中自然景色与人文景观突出的某片区域划分出来。公园以人文景观为主，自然景观为辅。突出光伏覆盖区的片区面积，加以自然动植物景观进行氛围烘托。

②公园功能分区。公园由公共设施区、文化教育科普区、游憩观赏区以及综合服务区组成。如图 3-6-5 所示。

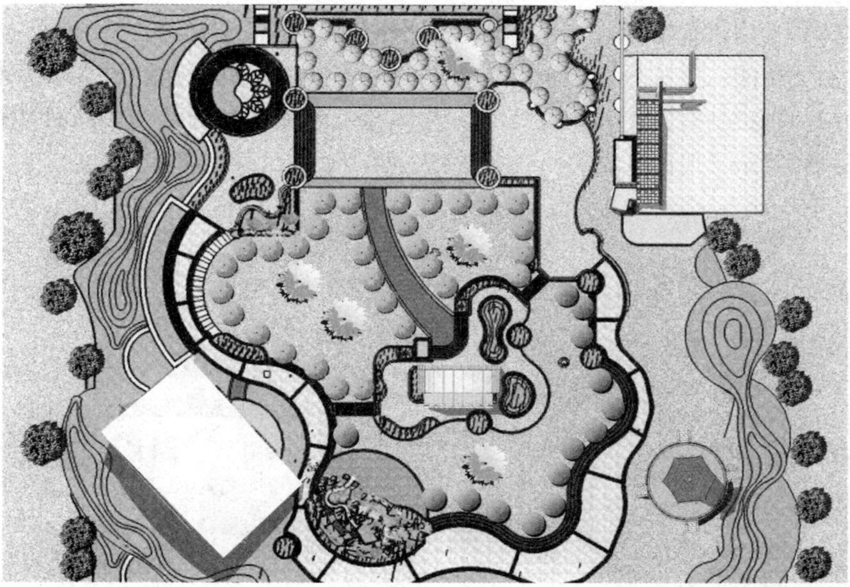

图 3-6-5　光伏公园总平面图

公共设施区主要为游客提供停车、咨询以及餐饮等公共服务；综合服务区为公园管理中心，为游客提供警务、医疗等相关服务；文化教育科普区和游憩观赏区是公园主要的吸引物，目前重点建设的项目是光伏科普馆、光伏科普长廊以及花卉观赏区，各分区项目构成见表 3-6-3。

表 3-6-3　光伏公园功能分区一览表

分区	项目构成
公共设施区	游客中心、停车场、厕所、购物中心、餐饮中心、垃圾箱、标志标牌
文化教育科普区	光伏科普馆、光伏科普长廊、红色文化体验区
游憩观赏区	慢游绿道、花卉观赏区、景观小品、观景台、亭、廊、花架游憩区
综合服务区	管理中心、警务室、医务室、休息室、资料室

（2）光伏科普馆

主要功能：展览教育。包含传统的陈列、演示，更加强调科普教育和文化休闲的有机结合，充分体现“参与和体验”的现代教育特征，同时注重展示形式和展示手段的创新。光伏科普馆效果图如图 3-6-6 所示。

图 3-6-6　光伏科普馆效果图

展厅设置：

光伏展教厅：策划、设计、制作、采购一定数量的光伏设备展品，注重知识性、趣味性、参与性、互动性，让公众了解体验绿色生活、生态环境和科学开发与保护资源的相关内容。

国家电网科技成果展示厅：突出光伏绿色能源特色，主要以图片、文字、部分实物形式介绍国家电网的科技成果。该厅具体展示的图片、展品可由相关企业提供，也可以与企业互动，给出展台让企业自行布置，并借鉴其他地方成功案例进行光伏大棚建设。

科普宣传厅：展出用于科学技术普及的各种挂图、资料，以及最新科技成果，使观众进入该厅可以学到较多的科技知识、生活知识，了解到我国当代科技发展重大成果的基本状况。

互动性科技娱乐厅：包括儿童科技乐园等寓教于乐的项目，让参与者领略科技的神奇和美妙。

科普长廊：走廊文化是极具传播力和渗透力的“墙上媒体”和“第二课堂”，能让游客真正开阔视野，同时也能反映当地突出性主题内涵。

（3）红色文化体验区

依托峪里村的历史文化和红色旅游资源特征，将其打造成为一个集爱国主义教育、农耕体验、休闲度假于一体的特色乡村旅游景区。

该区规划了红色藏品展示馆、革命纪念馆、村寨老影院等旅游项目。同时，基于该地丰富的乡土资源，依托农业生产与生活实际，规划开发农具展示馆、农作物学习馆、中小学生劳动教育实践基地、果林采摘体验区项目。

在此村域开发民俗文化旅游、爱国主义教育基地、民俗文化演艺广场、龙王庙、地道战旧址、老槐树遗址以及农家手工作坊等旅游项目。

（4）花卉观赏区

花卉是园林植物中的主要部分，其在园林中的应用形式主要有花丛、花带、花台、花坛、花境等。

花丛：花丛是用几株或几十株花卉组合成丛的自然式应用，以显示华丽色彩为主，极富自然之趣，管理比较粗放。花丛适宜布置在建筑物旁、路旁、草地、岩缝。多选用多年生、耐粗放管理的宿根或球根花卉，如蜀葵、芍药、鸢尾、萱草、菊花、百合、玉簪等。

花丛要求自然式布置，栽种时各株间距不要相等，也不要成行成列地种植，避免形成直线。同时，各种花卉要高低错落、疏密间致，富有层次变化，并注意游人前进的方向；各花丛应有变化，避免千篇一律。

花带：花带是花卉呈带状的种植方式，宽度一般为 1 米左右，长度为宽度的 3 倍以上。花带可设置在道路中央、两侧建筑物的墙基或草地中，形成色彩绚丽、装饰性较强的连续景观。

花坛：花坛应用的植物材料主要为一二年生花卉、宿根花卉、球根花卉及少量的木本观赏植物。花坛常布置在建筑物前方、主要道路或主要出口两侧、广场中心或四周草坪上，起到美化环境、分隔或联系空间的作用。

3. 观光休闲区

在观光休闲区进行滨水带游憩线路设计，配以村内水池建设垂钓园，以柴鸡场发展农家乐并加以别墅群、鲟鱼场、核桃园以及现代农业园来打造观光休闲带。

4. 郊野游憩区

打造写生基地、垂钓区、码头、文化广场等精品项目。

（1）写生基地

选址：东沙湾。

设计思路：

写生基地服务设施包括美术、摄影展馆，专业技术服务点，摄影点，医疗服务站，吃住服务点，等等。以写生基地工作站带动周边的摄影点建设，用摄影线路来串联所有的摄影点，每条线串联 10～15 个摄影点。在各工作站展示周边摄影点的风光照片、线路图，提供相关的交通、导游、医疗等服务，以方便写生、摄影爱好者及游客。每个工作站负责管理 10～20 个摄影点。写生基地意向图如图 3-6-7 所示。

图 3-6-7　写生基地意向图

修复写生基地区域现有的古建筑，清理建筑物内的杂物，恢复建筑物原貌，修旧依旧。充分发挥建筑物的优势特征，形成鲜明的视觉效果，在建筑群内设计摄影点、写生点。将修复的建筑及新建的建筑进行功能布局，并与产业相结合，设置好展览中心、创作中心、生活中心、休闲中心。对建筑进行功能的再一次更新、产业的再一次转化，使其普通的居住功能向艺术创作、展示、休闲功能转化。整体工程不改变建筑风貌，不影响建筑结构，只做外部修复及内部改造。

（2）垂钓区

选址：迈岭。

设计思路：

青砖小道蜿蜒连接、曲径通幽；碧蓝的湖水围绕在堤坝四周，形成天然屏障；有古朴的木桥连通垂钓内外的世界。

湖滨河畔，绿荫之下，休闲垂钓区营造了一种田园意境，游客在此既可观景独钓，又可于休息室、娱乐室内与家人朋友共享休闲乐趣。修建特色垂钓园，分别放养鲤鱼、草鱼、虹鳟鱼、鲢鱼、鲟鱼、鳙鱼等特色品种；垂钓园旁边建设渔具租赁、游客休息于一体的综合性服务设施。在此处可举办各种形式的垂钓比赛，或开办多种形式的特色旅游项目，如鱼类生活观察、渔具渔史介绍等。

（3）码头

选址：南赤岸。

设计思路：

选址要求：对于水面较大的地方，一般规划设立游船码头（数量可根据景区的大小和类型进行灵活确定），为防止游人走回头路，码头多靠近入口，并且应有较深远的视景线（视野开阔、有景可观）。同时，注意码头的选择在便于观景的同时也应该是一个好的景点。再者，码头布点和水路路线应充分展示水中和两岸的景观，同时和其他各点应有便捷的联系。另外，应选择风浪较平静处，不能迎向主要风向，应便于船只靠岸和减少风对码头的冲刷。

小型游船码头基本是由售票室、管理室、储藏室、休息等候区、码头区等组成，可增设接待室、茶室、小卖部等。附近有亭、廊等景点，楼、阁、亭等均可作为借景对象。

景观设计主要包括以下几点：

一个临水花架、水榭、平台，均可以作为一个简化的游船码头使用。

（4）文化广场

选址：北赤岸。

设计思路：

确定广场文化主题，建设百姓大舞台，粉刷文化墙，设置功德榜，聚集文化资源，在吸引游客积极参与广场文化活动的同时，延伸广场的服务功能，使群众锻炼有去处、娱乐有场所。文化广场的建设旨在丰富群众精神文化生活，让群众饱尝“文化大餐”，使农村文化广场真正成为农村精神文明建设的重要阵地。文化广场内需安装健身器械，同时配有公共厕所、照明设施、凉亭等。如图 3-6-8、3-6-9 所示。

利用湖畔对文化广场的外围进行喷水池的打造。喷水滚动的石球形状各异，有的像可爱的小猪，有的像温顺的山羊，有的像飞奔的鸭子，象征着齐村乡发达的养殖业。喷水池的两侧设置花坛及座椅，为人们提供一个休憩和观赏的空间。对水面进行划分，使其大小相映、彼此互通，并广植荷花、菱角，形成荷塘，展现“接天莲叶无穷碧，映日荷花别样红”的水乡田园风光。如图 3-6-8、3-6-9 所示。

图 3-6-8　文化广场效果图（1）

图 3-6-9　文化广场效果图（2）

第七节　旅游产品体系规划

一、旅游产品规划思路

1. 整合与提升

资源产品化、产品高端化、营销圈层化是齐村乡旅游产品规划的核心。

针对目前齐村乡的旅游资源开发力度小、品质不高的现状及无法产生合力与区域竞争力的问题，齐村乡旅游必须进行整合与提升。

一是资源层面的整合提升（包括文化、规模、容量）。通过裕里的红色文化、店上的千年槐树文化等有着齐村乡自身特色的文化整合整个区域的文化历史，通过光伏旅游综合体整合其区域范围内的个性产品，通过王快水库等湿地、万亩枣林等林木山体整合整个区域内的自然与环境资源。通过对所有旅游资源进行同质与异质的区分，对同质资源进行捆绑，对异质资源进行个性挖掘，提升资源本身的品质和旅游开发价值。

二是空间层面的整合提升。以交通为导向，通过基于“四万一千”而形成的环形轴，形成旅游资源集聚区，即大区域旅游区，从而提升齐村乡旅游的整体实力和市场号召力。

通过资源、空间层面的统一整合，升级齐村乡现有项目的基础资源、外部渠道和开发理念，形成大的吸引点和大项目，凝聚齐村乡具有价值取向的文化市场卖点。

2. 挖掘与创新

一是挖掘资源，创新产品。挖掘资源（文化资源与自然资源），争取挖掘出具有唯一性和垄断性的资源卖点，如枣文化、万亩光伏区、红色文化等。

二是挖掘市场，创新消费。即在新产品的支撑下，大胆挖掘新市场、新游客、新消费模式。如通过未来可能形成的太行山旅游经济协作区，连接环渤海和中原经济区，融入环首都经济圈并打造保、京、津旅游金三角。

新兴旅游产品的规划和新旅游理念的导入，将不断改变齐村乡现有旅游产品的总体模式，在资源、项目、市场的基础条件上形成更有齐村乡特性的产品类型、特色、总量，并在此基础上落实以文化为核心的产业链。最大化齐村乡文化旅游产品的卖点价值，并形成一整套产品组合开发计划及盈利计划，将在未来使整个齐村乡旅游产业实现综合价值的最大化。

二、旅游产品开发原则与方向

1. 开发原则

遵循“整合与开发并重，优化与创新同步”的方针，在资源整合的基础上，进行旅游产品的升级和旅游品牌的提升。

①坚持旅游资源无限化、社会资源旅游化的新旅游资源观。

②坚持旅游开发与乡村建设一体化，培育具整体核心吸引力的旅游发展观。

③新产品开发与传统产品优化整合并重。

④丰富与提升旅游产品的文化内涵，实现产品主题化和品牌化。

⑤以产品创新，创造旅游新需求。

2. 开发方向

围绕齐村乡旅游发展定位与目标，将重点发展文化体验、生态体验、休闲度假和特种运动四大旅游产品，构筑起齐村乡的旅游产品体系。

三、重点旅游产品开发规划

根据旅游产品分类的一般原则，齐村乡旅游产品可以分为四大类：文化体验产品、观光旅游产品、休闲度假产品、特种旅游产品。四大类旅游产品发展以文化体验产品为核心，重点发展观光旅游、休闲度假、特种旅游三大类旅游产品。此外，还要开发根据旅游产品的季节性所规划的四季旅游产品。

1. 休闲度假和观光旅游产品

红色主题休闲：体验红色年代生活，参与各种红色主题活动，如进行军事训练、同唱革命歌曲、红色情景再现、红色主题真人秀等。当地可建立红色广场，开设红色舞台。

民俗主题休闲：依托居住、餐饮、礼仪、工艺等多元化的民俗文化开展丰富多彩的主题休闲活动，如住乡村民居、吃特色饮食、演示民间传统礼仪、学习制作手工艺品等。

山水生态休闲：山水生态休闲可动可静，游客可以登山健身、探险寻奇，体验山谷漂流的刺激，也可以闲处山间感受清风拂面，静坐水边品茗观鱼或临水垂钓。当地可在水域区建绿色长廊，让游客漫步在水域之上。

乡村休闲度假：游客可以走进地道的太行农家，感受原汁原味的农家生活，结合农业生产开展各种体验、参与活动，也可以在乡村俱乐部或农家小院体验高层次的乡野休闲度假感觉。

山野休闲度假：开展各种山地休闲活动，如农园采摘休闲及种类丰富的拓展运动，同时可利用山野自驾营、山间度假别墅等开展不同类型的度假。

生态农庄度假：利用该村处在城市边缘区以及近郊区的地理位置，依托城乡过渡带较好的通达性及当地基于基础配套设施和科技优势发展起来的现代农业观光园区，打造集合农业生产、休闲观光、科技示范、科普教育、体验参与等于一体的多层次的旅游产品体系。

农事参与度假：以地方农耕文化为核心吸引物，结合农业生产特点，注入体验型、娱乐型、休闲型元素，在正常从事农业生产的同时开展观光、休闲、采摘、购物、品尝、农事活动体验等旅游产品服务，如开展果蔬采摘、农田认养、钓鱼比赛等。

2. 文化体验旅游产品

红色文化之旅：使游客可以游览红色文化圣地，倾听抗日战争故事，感受红色年代生活，参观红色历史遗迹，凭吊革命英烈前辈，参与红色主题活动，了解红色文化传统。在红色文化浓厚区域可修建红色文化长廊、红色文化农家院。

民俗文化之旅：生动展示乡村工艺民俗，立体呈现乡村民俗变迁，使游客全面感受特色乡村民俗，亲身体验乡村生活民俗，深入了解乡村餐饮民俗。

山水文化之旅：山水格局构成了一个地域的空间意境，“山水相依，景观天成”是旅游区自然资源的最大优势，寄情山水之间是一种博大的文化诉求。游客可以观山、游山、吃山、居山、玩山，可以赏水、戏水、居水、饮水、吃水（产），山水之中，文化无限，置身其间体验一种至高的文化境界。

宗教文化之旅：充分开发利用各个自然村中流传的各种关于山、水、树的神话传说，结合当地居民的传统宗教信仰习惯，开发相应的宗教文化景观，形成宗教文化旅游吸引。如可以围绕店上的千年槐树建立一个千年槐树观光广场。

乡村文化之旅：旅游区拥有代表性的原生态乡村，保留有纯朴的乡土文化特色，展现出时代的乡村文化魅力。游客可以游在乡村、吃在乡村、住在乡村、生活在乡村，感受过去的乡村和现在的乡村，形成对乡村的立体化感知。

养生文化之旅：使游客可以身处生态空间，呼吸新鲜空气，饮用天然净水，食用健康食品，进行康体运动。

3. 特种旅游产品

（1）康体疗养旅游产品

饮食养生：利用旅游区内纯天然的水源，开发各种饮品、食用种类丰富的生态食品。

药膳养生：种植中草药材，开发药膳养生产品。

户外康体：使游客可以感受旅游区清新的空气，进行各种户外运动。

（2）科普教育旅游产品

游客可开展红色修学游、民俗修学游，辨识种类丰富的山野动植物资源，了解有趣的农业知识。如在万亩光伏区建设光伏公园，让游客了解光伏科技。

(3) 深山探险旅游产品

利用原始生态的深山旅游资源，引导游客开展具有挑战性的深山探险活动。

(4) 节庆旅游产品

结合丰富多彩的民间传统节庆资源，立足旅游区差异化的资源优势，举办养生节、避暑节、采摘节、红色旅游节等多元化、特色化的节庆活动。如举办樱花节、红枣采摘节等。

4. 四季旅游产品

美丽浪漫的春：以春色赏花与户外休闲为主题，以大型的樱花欣赏、自驾、游水、踏青、主题户外旅游为目标，打造充满活力和浪漫情怀的春季产品。

凉爽怡人的夏：以避暑和生态休闲为主题，可以以万亩枣林为基础，开展枣文化欣赏和采摘；可以以万亩生态林为依据，以“树荫下的凉爽”为卖点，开展万亩生态林乘凉的项目；可以以王快水库为基础，开展水域湿地游览、垂钓、泛舟等水域项目，打造专属当地的清凉一夏。

风情收获的秋：以乡村田园观光和民俗风情体验为主题，打造乡村风情之旅，可依托乡村秋季特有景观举办丰收节、乡村摄影节、户外写生节、农业生态体验活动等。

休闲养生的冬：以冬季避寒、参禅悟道、修养为主题产品，以休闲养生为目标，打造冬季健康养生之旅，可举办冬季禅修、冬季登山赛、木走廊游冰湖等活动。

四、旅游线路规划

一日游：齐村乡政府—峪里（感受最具代表性的红色文化）—店上（千年槐树文化广场）—五会—万亩光伏区（参观光伏园）—万亩核桃林—千亩鲟鱼（品尝当地特色）—齐村乡政府。

二日游：

第一日：游览一日游内容。第二日：齐村乡政府—万亩红枣区（体验当地特色红枣文化）—西沙湾（拍照、写生）—北赤岸（近距离观赏王快水库和感受当地文化）—万亩生态林—樱花谷—齐村乡政府。

第八节 营销宣传规划

一、总体思路

齐村乡应围绕全县建设“两都两地”奋斗目标，按照“五位一体”发展总体布局，将扶贫攻坚与现代农业发展、山区综合开发、美丽乡村建设和乡村文化旅游紧密结合起来，力求实现跨越式发展，使齐村乡提前迈进小康社会。以建设“富裕齐村”为目标，大力实施扶贫攻坚工程，因户施策，制订切实有效的帮扶措施。同时，按照“一村一品”发展要求，认真谋划村域产业发展，切实提高贫困户自我“造血”功能；以建设“生态齐村”为抓手，大力实施山区综合开发工程，积极争取有关部门支持，开发黄山 10 000 亩荒地，用来种植枣树、核桃、板栗、侧柏等；以建设“美丽齐村”为契机，扎实推进五会、店上、峪里、莲花沟、舍山、刘庄、温家庄、迈岭、西沙湾等 9 个美丽乡村建设步伐，集中打造环境美、产业美、精神美、生态美的美丽乡村片区；以实现“全域旅游”为核心，强力推进乡村文化旅游，依托“四万一千”工程，发挥山水优势，主打绿色生态品牌，积极培育东部光伏观光基地、中部核桃加工基地、西部红枣采摘基地、现代农业生产基地和库边生态休闲基地五大旅游品牌，把齐村打造成华北西部旅游明星乡镇。

1. 形象定位

万亩光伏“公园”

万亩生态林

万亩果林

千亩渔乡

新农村走廊

2. 产业定位

(1) 果品产业

以“四万一千”工程建设为基础，深化红枣、核桃产业链开发与建设，强化其区域内农业的支柱性产业地位与价值。

（2）林下养殖产业

依托红枣、核桃、生态林资源，以散养模式发展林下养殖，不仅保护生态，而且也体现了经济发展的优势。林禽模式既充分利用了林下空间，又巧妙地消灭了林间杂草和各种害虫，保护了森林资源，强化了林间管护，促进了林木生长。林禽共生，两相得利。同时，林禽模式投资周期短，回报率较高。

（3）水产养殖产业

依托“四万一千”水产工程建设基础，充分发挥区域水资源优势，发展水产养殖产业。

（4）休闲旅游产业

“四万一千”光伏发电工程塑造了区域壮阔的旅游景观，果林、生态林建设保护了区域良好的生态环境，毗邻王快水库、大沙河具有丰富的水景资源，这些都有利于大力发展休闲旅游产业，促进区域服务产业整体发展。

（5）农业服务产业

为园区及区域农业提供市场销售服务、品牌服务、生产技术服务、土地托管服务等综合性农业服务。农业综合服务是保障园区效益，带动区域整体脱贫的重要举措。

3. 层次定位

第一个层次：打造区域知名、效益显著的现代农业园区，促进实现区域整体脱贫。

第二个层次：打造河北省现代农业创新示范基地和优质特色农产品生产基地，打造河北省机制体制创新试验区。

第三个层次：打造国内外知名的生态农业品牌、优质农产品品牌、中国美丽乡村。

二、宣传口号

营销宣传口号：

生态齐村，红色故土

三、营销方式

1. 实施六大营销战略

为了更好地宣传旅游地形象、提升旅游吸引力、打造旅游品牌，实现积极营销意识的培养，齐村乡构建实时、适时、空间立体化营销系统和游客“双向无缝对接”营销模式，在规划期内执行六大营销战略。

①全面营销，重点突破。采用地毯式的信息轰炸以及“病毒式”的信息传播，让潜在市场群体开始关注和了解曲阳旅游；在此基础上，要对重点市场的重点潜在群体进行重点营销。

②形象营销，品牌招徕。强势宣传，抢占先机，积极抢占“中国雕刻之乡”第一高地，确立“创意新天地·闲雅古曲阳”的旅游品牌形象。

③节事营销，引爆市场。积极主办大型主题节事活动，形成和创设“曲阳现象”，实现曲阳旅游由“默默无闻”到“一夜成名”的转变。

④影视营销，巩固市场。利用影视强大的传播作用，邀请知名导演组织拍摄曲阳历史大剧（电影、电视、动画），邀请知名词曲家创作《山曲之阳》主题歌曲，联合电视媒体共同主办时尚栏目，建设影视基地。

⑤关系营销，锁定目标。通过五岳关系、雕刻关系、定瓷关系、宗教关系、水源关系、地缘关系和友好关系，针对特定目标群体设计专项旅游产品，传播曲阳旅游形象。

⑥联合营销，融入大盘。积极参与保定市、河北省等旅游营销体系，积极建立与五台山、西柏坡、白洋淀、清西陵、恒山等地旅游营销合作，开展异地合作代销，“借船出海”，扩大曲阳旅游影响力。

2. 完善营销组织管理机构

通过政府大力扶持，成立旅游营销工作小组，设立旅游营销专项资金，优选旅游形象代言人，并在北京、天津、石家庄、太原以及五台山、西柏坡、白洋淀、清西陵、恒山等处建立分销机构或设置销售代理。

3. 主办大型旅游节事活动

遵循主题化、规模化、品牌化思路，依托曲阳旅游资源特色及文化品牌，重点培育三大旅游节事项目，即太行山生态健身节（清明、五一）、曲阳国际创意艺术节（暑期、十一）和曲阳古北岳庙会（春节、元宵节）；同时，积极主办世界雕刻艺术博览会、万人同雕吉尼斯纪录挑战（嘉山）、水源保护绿色行动、曲阳旅游发展大会等活动。

4. 定制重点客源市场营销方案

根据旅游目标市场的分级定位，因地制宜、因人而异、因时而异，通过系统、科学、高效的市场营销策略进行品牌打造和游客招徕，以实现曲阳客源市场稳步开拓，提高旅游市场满意度、美誉度和忠诚度。其中，对京、津一级目标市场主要通过广告宣传、节事活动、市场公关、旅游直销等方式赢得市场青睐；对保、石两大城市主要通过广告宣传、价格促销、旅游公关、网络推介、节事活动等方法扩大市场影响力；对冀、晋、鲁、豫大中城市主要通过媒体宣传、关系营销、价格促销、节事活动等方式提高市场认知度、认可度；对周边品牌过境分流市场主要通过广告牌示、旅行社推介、节事活动融入区域线路。

第九节　旅游交通规划

一、交通规划原则

①遵从保定市、曲阳县上位交通规划。以相应交通规划为指导，寻求交通规划与齐村乡景区旅游业的结合点，从而更好地为旅游业服务。

②交通与经济协调发展原则。适应社会经济发展格局、城镇与产业布局、旅游资源开发需要，以旅游交通的发展来带动曲阳齐村乡周边相关产业的不断发展。

③系统整合原则。坚持各种运输方式协调发展，根据区外交通及区内交通的性质、功能和层次的不同，分层次、分阶段进行布局。

④因地制宜、坚持经济效益优先的原则。综合考虑当地自然地理条件和城镇发展状况，因地制宜、扬长避短，尽可能利用原有路线，减少公路交通对环境的影响。

⑤刚性规划与弹性规划相结合的原则。

⑥突显齐村乡当地文化的原则。

二、交通规划方案

全域化旅游是对传统旅游业的提升与创新，是一项由全地域、全业态构成有机整体的系统工程。构建对外大循环、对内微循环的交通格局，将“远郊”变为“近郊”是显现“同城效应”的最有效途径。同时，也解决了市内交通衔接不畅问题，打通了景区、景点之间“最后一公里”的瓶颈。

1. 外部交通

通县公路：京昆高速、保阜高速、曲涞高速 3 条高速公路和京赞公路、保阜公路、河龙公路、保平公路是曲阳齐村乡目前的主要对外联系通道。在对接曲阳县城镇发展规划的同时，加强与周边铁路、高速公路、机场的交通网络对接，增加齐村乡景区的外部可进入性。

抵达公路：对道路两侧山体、边坡进行绿化，保证两侧林相完整良好、优美协调；做到路面及两侧干净整洁，无垃圾、物品等堆积物；统一对沿街立面、路灯、牌匾等进行设计改造，沿途设置文化景观小品，提升道路的文化丰富度，形成良好的引导效果。

2. 内部交通

通景公路：对主入口到景区的道路进行拓宽；保持路面平整无破损、护坡良好；对道路两侧裸露山体、边坡进行绿化美化，做到两侧林相完整良好；整治道路沿线环境，统一沿线牌、匾风格和设置位置，严禁乱置广告牌，保持沿线无垃圾、物品等堆积物，符合曲阳县乡村环境卫生革命的相关要求，营造“干净整洁、文明舒适、畅通有序”的良好环境。

特色生态游步道：齐村乡的景区分布在不同的村子内或者村子周边，可针对不同的村域和景点设置特色生态游步道，比如在经过刘家庄、古家庄、莲花沟的景区的地方设置游步道。游步道采用沥青铺路，两侧种植当地的特色枣树，并设置文化长廊介绍当地枣文化，同时在游步道两侧设置可以观景休憩的场所。

三、交通配套设施

1. 停车场

齐村乡景区的入口服务处又是综合服务中心，停车场选址于综合服务中心空闲地，建设面积、硬件设施、服务管理等应符合国家景区标准。结合各个停车场的不同情况，在不同停车区以及停车场周围设置合适的绿化带。除此之外，对于停车场的其他要求如下：

（1）停车场材料及设施选择

停车场地面铺设材料选择能吸收更多太阳辐射的透水透气材料，如草坪砖，每个车位增加车位指示和倒车指示物。

（2）停车场绿化配置

地面铺设草坪，并种植或移植树木，利用树木作为车位与车位之间的隔离手段，达到“树下停车，车下有草，车上有树”的环保效果。

（3）停车场规划设计

停车场分区合理，设置大、小车区；画制明晰的回车线、停车线，有方向引导指示标志；分设出入口（间距不少于 50 米），出入口共用的设立进、出方向指示（立标、地标）。

2. 旅游巴士站点

在北京、天津、保定、曲阳设立固定旅游巴士站点，为当地游客提供快捷、方便的客运交通服务。在曲阳齐村乡景区服务中心、旅游服务站设立旅游巴士站点，在西坨线、232 省道、382 省道沿路设立旅游巴士服务站点。将齐村乡景区的公共交通等系统与易县公共交通等系统紧密结合，并对巴士站台进行特色包装形成统一的风格面貌。

3. 自行车租赁点

自行车租赁点共 4 个，分别设置在综合服务区、万亩核桃林区、东沙湾生态写生区、刘家庄万亩红枣区。

4. 特色交通工具

景区配备旅游中巴车、电瓶车、自行车、马匹等特色交通工具。

四、游线方案

游线分齐村乡景区大环线、精品游线和专项游线。

1. 齐村乡景区大环线

齐村乡政府综合服务中心—万亩光伏区—红色峪里区—北雅握滨水休闲观光区—万亩生态林区—东沙湾写生区—万亩红枣区—综合服务中心。

2. 精品游线

齐村乡政府综合服务中心—万亩光伏区—红色峪里区—北雅握滨水休闲观光区—东沙湾写生区—迈岭垂钓区—万亩红枣区—综合服务中心。

3. 专项游线（环形骑道）

齐村乡政府综合服务中心—万亩光伏区—红色峪里区—店上水库区—柴鸡场区—樱花谷区—莲花沟区—综合服务中心。

五、标志、标牌规划

标志、标牌规划主要为规范统一沿线道路旅游交通标志、公共信息标志，以及沿线村庄的导览标志和店面招牌。设计呼应廊道“民俗风情特色”主题，提取曲阳齐村乡最富民风、民情特色的符号和元素，结合乡村本底风情，并与景区总体环境协调呼应。建立系统化、景观化、具有地方民俗风情特色并方便引导游客游览的标志、标牌系统。标志、标牌如图 3-9-1 所示。

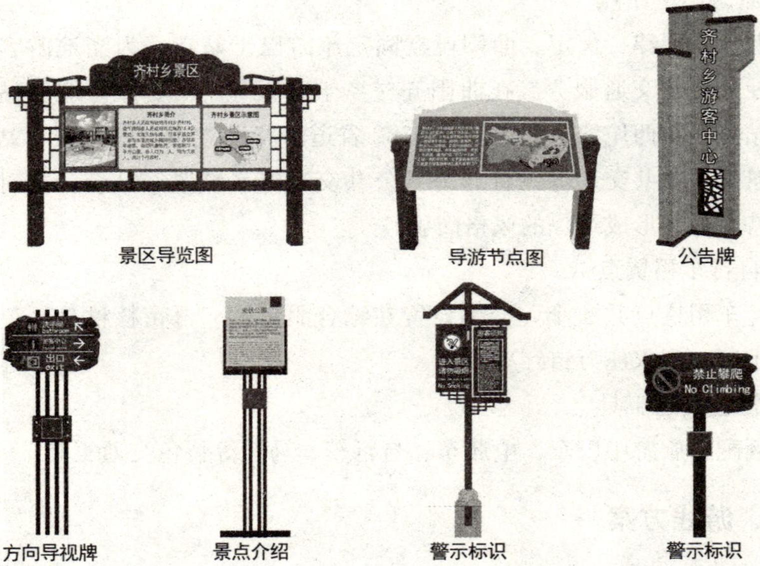

图 3-9-1　齐村乡旅游标志标牌设计

1. 功能、信息、设施类标志

功能、信息、设施类标志、标牌除常见的出入口等基本功能性标志、标牌外，还包括停车场、厕所、旅游购物中心、餐饮处等旅游服务场所涉及的标志、标牌。标志、标牌设置应数量满足需要，位置置放合理，并正确使用公共信息图形符号，说明性的标志、标牌有中外文对照。停车场的标志、标牌包括大小车分区的指示牌、收费公示牌、方向引导指示标志等。游客服务中心标志、标牌包含门票费用、宣传资料、游程线路图、活动节目预告、服务台、咨询处、投诉处、值班台、意见箱、无障碍设施、无障碍通道等标志、标牌。厕所则包含男女厕所、盥洗室、无障碍厕位等标志、标牌。

2. 警示提示信息类标志、标牌

警示提示类标志、标牌包括景区内提示性的、说明性的和禁止性的标志、标牌。如小心台阶、开园时间、禁止垂钓等标志、标牌。警示提示类的标志、标牌要求数量满足需要，置于醒目位置，信息安全有效，语言简练、明确、文明，有中外文对照，并正确使用公共信息图形符号。

六、乡村环境的绿化、美化、亮化统筹

要积极推进乡村基础设施建设，突出抓好村庄绿化、街道亮化、民居美化。着力抓好村庄绿化，积极发展村庄片林和环村林带，在街道两侧、农户宅前屋后栽植果树及观赏树木、花草。在村内主要街道、公共活动场所安装路灯的基础上，逐步扩大亮化工程覆盖面，向村内街巷、进村路延伸和扩展，改善群众夜间出行条件。齐村乡现有一些太阳能路灯，以后需加大太阳能路灯的覆盖率。

第十节　村庄风貌及建筑风貌控制规划

一、建筑风貌控制目标

1. 体现历史与文化传承

当地的民居特色是历史积淀与演变形成的，是文化传承的物质载体，民居改造应当继续承担传承历史与文化的角色。

2. 场地吻合

尊重场地性质，倾听场所声音，使得场所活动既服务于人，又与自然环境之间关系最融洽。

3. 自然生长

无论是自然生态还是人文生态，都应在发展中保持一种平衡，既不因人的生态而破坏自然生态，也不因自然生态而阻止人的生态发展，应达到自然生长。

4. 保护传统建筑原真性

山区盛产石材，建筑材料多为不规则石材，民居改造设计应当保持原有特色，体现传统建筑的原真性。

5. 生态环保可持续

选择生态环保型材料，从居民实用性角度出发，坚持生态环保准则。

二、建筑风貌控制原则和要求

1. 村庄建筑改造原则

（1）尽量尊重历史

在乡村之中，不同年代的房子代表着不同时期的历史变革，有不可言喻的文化底蕴，更是一个家族兴衰成败的象征，是老祖宗留给子子孙孙的基业。村内不同年代的老房子可以保留，但在乡村整体的建筑风貌上要协调好，要关系自然无隔阂。另外，要反对单纯符号化的东西。

（2）节约成本

规划应结合齐村乡自身特点进行相关改造设计，在不破坏原有景观的基础上进行有序改造，同时注意节约建设成本。

（3）增加软性装饰

对乡村建筑风貌的改造，可以增加一些软性装饰，营造一种乡村的生活场景、劳动场景的氛围。比如，装饰墙头的红辣椒、屋顶的玉米棒子、墙角的牵牛花等。

（4）强化现代感

建筑设计不能一味遵循传统甚至是模仿传统，要推陈出新，强化建筑本身的设计感。要在尊重传统的基础上，增加一些新元素、新符号、新功能，使得传统元素和现代元素相结合，增强和谐的现代感。

（5）与生活方式相协调

建筑风貌一定是生活方式空间化的呈现。在乡村开发的过程中，要尊重老百姓的意愿，在合理要求的范围内，不要一味“上楼”。对于现在农村普遍存在的“脏乱差”的问题，要保持与农村的生活方式相协调的原则来处理。

2. 村庄改造建设要求

通过展现乡村风貌、乡野文化，形成集旅游、农业、休闲、文化创意于一体的现代乡村风貌。

（1）整体要求

村庄基础设施建设、公共服务设施建设合理完整，建筑协调，绿化有序，形成整齐大气、便于管理的生产生活环境。结合建筑小品、路灯、绿植，打造精致、优美、整洁的景观。

（2）建筑材料

充分体现自然、休闲、朴素、简洁的风格；尽量采用天然材料，就地取材；室内装饰采用无毒、无害、无放射线、有益人体健康、对环境污染小的材料和产品。

（3）主要建筑设计

村庄内建筑通过屋顶形式的更换、墙体的粉刷和新建建筑风格的控制，达到村庄建筑风貌的统一。设计质量较好、尺度比例合理的新型建筑，结合庭院改造进行统一改造。拆除危房、简易厕所及影响村容村貌的建筑。增加房前绿化，增加美观效果。

（4）原有建筑的改造

屋顶改造：禁止使用彩钢及玻璃瓦。依据结构质量划分，分类设计。保留既有坡屋顶住宅，对建筑质量好的一、二类平屋顶住宅进行坡屋顶节能改造，提升房屋节能效果。年代较久的三类民居，由于结构承重性差，不建议进行坡屋顶改造，可选择增设檐口，屋顶抹保温涂层，提高节能保温效果。坡屋顶颜色宜选择灰色，与既有坡屋顶建筑及村庄整体风格相协调。

墙面处理：墙面以青砖、石材为主，仿石材为辅，粉刷次之。针对外墙已贴瓷砖的住宅，对其外墙进行保留，瓷砖破损的宜用相同或相近材料进行修补。水泥材质外墙民居，应统一使用白色保温涂料进行粉刷。

门窗改造：对破损及保温效果不理想的住宅进行门窗改造，提升保温节能效果。改造应选择中空塑钢门窗，颜色宜以白色为主。门窗外饰以青砖、木材质或仿木材质为主。

（5）农家庭院设计

景区内的农家庭院是景区建筑的重要组成部分，庭院环境应与周边的村庄环境保持一致，并包含原汁原味的山村庭院要素。院落内种植果木，布置农家庭院的休憩设施并稍加修饰，保证设施使用的简易、方便。根据旅游需求将农家庭院改造成兼具居住与旅游接待功能的民居，房屋的建筑形式以保护为主，恢复为辅。改造效果如图 3-10-1、3-10-2 所示。

图 3-10-1　农家院改造效果图（1）

图 3-10-2　农家院改造效果图（2）

（6）特色民宿改造

通过外部风貌的统一修饰和内部改造，可打造特色民宿群落和精致的乡村文化休闲体系，创造传统与时尚碰撞的精致乡村生活方式。通过乡村闲置农宅的统一收租，并进行整体改造与度假化利用，将村落打造成为高品质的乡村旅游度假区，并塑造特色乡村度假品牌。通过建筑表达乡土文化，讲述乡村历史故事。具体建筑外观改造见图 3-10-3、3-10-4。

图 3-10-3　特色民宿改造（1）

图 3-10-4　特色民宿改造（2）

3. 文化广场的设计改造

在乡村生活中，老井、古树、老戏台、庭院、晒场等，都是乡村空间的重要组成部分。规划组认为在村庄的老戏台或者是晒场上建立的文化广场，可成为乡村节日聚集空间或流动的商业空间，也是孩子们嬉戏或夜幕下播放电影的公共空间。在这些地方进行文化广场的选址有利于聚集游客，增加其休闲、娱乐的体验层次。

三、设施景观化说明

景区内的各项设施建设均要符合自然、生态的风格，设施建筑的材料以采用当地的乡村材料为主，以使景观设施与景区风格取得自然的一致性。

1. 垃圾箱

按照环保要求设置垃圾箱。在旅游公路靠近村庄一侧及村民主要休闲活动地点放置垃圾箱，每 80 米设置一处，造型要与环境相协调。垃圾箱选择金属材质或木材质；颜色不宜与村庄主色调反差太大，可选择浅绿、淡黄等颜色。

2. 指示说明牌

指示说明牌依托当地的乡土材料进行设计，高度为 1.5～1.8 米。

3. 路灯照明

以简洁化、人性化为设计原则，可与路标或垃圾箱结合起来设计。

4. 公厕

根据地形、人流量确定公厕的建筑体量，建筑设计简洁、生态化、景观化，与周边环境相协调。公厕内配备辅助设施，如手纸台、洗手池、镜台等。

5. 河道

(1) 加快污水处理项目建设

针对污水处理项目，积极筹措建设资金，引导形成政府、企业和社会共同参与的多元化环保资金投入机制。

(2) 完善污水处理监管体系

严格执行污水处理收费制度和污水处理建设与运行的监督考核管理办法，加强机制创新，提高运行效率。

（3）加快水土流失治理，着力抓好生态修复

加快水土流失防治步伐，把生态修复摆在水土保持工作的重要位置；继续推动封山禁牧政策，搞好基本农田、水源地建设等；减少群众生产活动对生态的破坏，实现生态的自我修复。

（4）改良河道护岸景观

河道护岸景观设计应结合周边的环境风格，并充分考虑人与水的互动，通过对护岸的景观处理，营造宜人的滨水空间。此外，护岸形式还应达到尽量保护生物多样性，促进自然循环。

四、环境规划

1. 生态环境规划

森林（草地）覆盖率、建成区绿化覆盖率和人均公园绿地面积应均高于所在地区平均水平。在植物的配置上，多采用乡土树种和优良观赏树种，高低错落、层次丰富，改变以前相对单调的景观特征，重视植物栽植和培育。统一培植植被，合理保护和利用周边环境。

2. 卫生环境规划

生活垃圾无害化处理率≥90%，并符合 GB16889—2008 和 GB18485—2014 标准要求。农户是源头，形成“户分类、村收集、镇转运、县处理”的模式是朱家营农村垃圾处理模式的最好选择。开展垃圾分类收集和生态处置工作，并通过建立保洁制度、落实考核措施、加强保洁培训和强化队伍建设，逐步形成长效机制。如制订农药包装物、塑料薄膜回收奖励办法，提高农民参与的积极性，发挥销售企业在农药瓶、肥料袋等包装物回收中的作用。

地表水环境质量达到 GB3838—2002 中Ⅱ类以上，生活污水排放达到 GB18918—2002 一级 A 标准，生活污水集中处理率≥85%。污水处理要从以下几个方面考虑：需求导向上，顶层设计小康社会、美丽乡村、城镇化进程。协调创新上，协调能源、环境（水、气、土）、生态和农业生产。实施方法上，要实现资本运作、集约化组织、工业化设备、市场化运作。管理模式上，建立基于市场机制的社会化的技术服务体系。

核心区内环境空气质量年均达 GB3095—2012 一级标准，依托区年均达到二级标准。根据 GB3095—2012 和 HJ633—2012，空气质量指数（AQI）年达标天数比例≥70%。

配置数量充足、布局合理的垃圾桶/箱，要求外观干净整洁，垃圾分类回收。主要旅游场所环境整洁，建筑物及各种设施、设备维护完好。

3. 旅游厕所规划

（1）公共厕所的亮化标准

应建立数量适宜、分布合理、卫生文明、免费使用的旅游厕所。旅游厕所建设管理应达到GB/T18973—2016规定的要求。旅游高峰期游客活动相对密集的场所应配有流动备用厕所。社会服务单位厕所应向公众开放。

（2）农户各家各户厕所规划

加大宣传力度，转变农民落后的观念；除经济问题与传统旧观念、旧习惯外，一些农村群众还比较缺乏改厕方面的卫生意识。应严格落实政策，妥善落实改厕经费。依据科学的技术指导，保障改厕的质量。另外，卫生厕所的投入和应用需要科学的管理与监督。

4. 资源环境保护规划

应有明确的文化遗产保护主体和管理制度；建立人文遗产的监测预警系统；应对人文资源环境采取保护性利用方式；旅游业发展中应采取节能减排的措施和行动；能有效吸纳社区居民参与旅游开发，并提供相当数量的就业机会。

第十一节　旅游服务设施规划

一、住宿设施规划

1. 住宿现状

齐村乡现开设农家院23家、旅游宾馆5家。此外，村庄内有闲置房屋可供住宿，但住宿设施较差，存在管理不够规范的缺陷。

2. 规划措施

根据不同地区的独特条件，住宿设施在不同节点应采用不同建设和管理方式，开发过程中住宿设施要体现齐村乡乡村旅游住宿的自身特色。

（1）提升住宿接待水平，规范住宿设施标准

应加强管理，规范标准。卫生标准以GB16153—1996的规定为依据。食

品卫生应符合国家食品卫生法律规定，满足相关食品卫生标准。主要区域均要提供 7 天 * 24 小时餐饮服务，人员服务规范、服装整洁、普通话标准。

（2）实现设施多样化，突出特色

建设不同档次、类型和规模的住宿设施，如高档住宿设施、特色住宿设施、乡村民宿等，以满足不同游客的需求。同时，积极开发体现地方特色和历史文化内涵的住宿环境。

（3）重点体现齐村乡不同规模和形式的住宿设施

主要住宿设施规划如下：

西沙湾村特色民宿：西沙湾村邻近京、津，依托京津冀众多艺术、美术类高校，当地适合开发写生基地，针对写生人群开发主体民宿，如艺术客栈、速写小院。

乡村闲置房屋：开发农家乐。

中高档宾馆酒店：利用基础硬件设施及地区现有的住宿资源开发中高档宾馆酒店，以满足不同层次游客的需求。

二、餐饮设施规划

齐村乡现有餐饮设施数量较少，因此主要任务是对现有设施的规范、提升。

1. 提升餐饮接待水平，规范餐饮设施标准

应加强管理，规范标准，使符合 GB/T13391—2000 关于酒家的定级标准的餐饮设施达到 70%以上，使卫生标准符合 GB16153—1996 的规定。食品卫生符合国家食品卫生法律规定，满足相关食品卫生标准。主要区域提供7 天 * 24 小时餐饮服务，人员服务规范，服装整洁，普通话标准。

2. 丰富餐饮种类，提高菜品质量

餐饮种类应丰富多样，重点发展与当地鲟鱼、大枣、核桃相结合的特色创意美食，提高餐饮品质。

3. 餐饮布局

千亩鲟鱼区：在千亩鲟鱼产区打造以鲟鱼制作为主的特色菜品。

万亩红枣核桃区：打造以大枣、核桃为原料的养生菜品和特色菜品。

旅游区中心（乡政府）：以宾馆为主，积极引进各类餐饮品牌名店进驻。

邻近水库区域：开发特色水产品、烧烤等。

三、购物服务设施规划

齐村乡集中购物服务设施集中布局在齐村乡乡政府所在地附近。在红枣产区、核桃产区、鲟鱼产区设立特色产品购物服务中心，并在每个乡村中都零星分布购物服务接待点。

四、咨询接待服务设施规划

在重要景区入口处设置游客咨询接待服务中心，在乡政府所在地设立综合服务中心，在万亩光伏区设立有光伏特色的咨询接待服务中心。

光伏特色咨询接待服务中心的窗户幕墙都使用光伏相关组件，突出光伏特色，与周围环境融为一体。建设一个小型的光伏科技展示馆，供游客游览的同时也可以普及光伏科技知识。接待中心用电全部来自光伏发电，接待中心内设置 USB（通用串行总线）接口，方便游客使用光伏发电为手机、平板电脑、单反相机等智能终端电器充电。光伏特色咨询服务中心效果图如图 3-11-1、3-11-2 所示。

图 3-11-1　光伏特色咨询接待服务中心效果图（1）

图 3-11-2　光伏特色咨询接待服务中心效果图（2）

五、厕所规划

冲水厕所：在每一处重要景区及景区接待咨询服务中心建设冲水厕所。

旱厕：齐村乡受自然条件影响缺水，所以在乡村内部全部采用旱厕。由专人定期对旱厕进行清理，保证清洁卫生。

六、垃圾桶等环卫设施及垃圾处理规划

根据游客活动的频繁程度及相应的活动特点，景区内设置相关垃圾桶等服务设施，对整个区内垃圾进行专人负责、集中管理、分类分区收集。垃圾回收处理遵循从户到村，村里收集垃圾进行分类后转运到乡，乡里进行统一处理。

七、其他服务设施规划

1. 医疗卫生服务

在各个景区及景区接待服务中心设立医务室。另外，每个村都设有医务室可为游客服务。应提高景区内的医疗水平，备好急救药物，在遇到突发情

况时能够及时做好必要的处理。

2. Wi-Fi 服务

齐村乡主要住宿、餐饮设施提供免费 Wi-Fi（无线上网）服务，并实现景区全区域的免费 Wi-Fi 服务全覆盖。

第十二节　旅游基础设施规划

一、给排水规划

1. 规划原则

充分考虑旱涝季节对水源水质的影响，采取切实可行的基础保障措施，确保旅游区一年四季保质保量供水；对旅游区供水管网进行分区布局，确保供水管网的通达性和顺畅性，以利于正常使用并方便维修；雨污分流，防止因排水网络承受过大压力而出现大面积积水，甚至出现倒灌；给排水工程设施要符合环保要求，减少对旅游区的污染，同时与其他基础设施相配合，统筹安排，合理布局。

2. 取水、供水设施规划

村内可以在适当地点修建水井、水塔进行供水，并铺设给水管道；建立城乡一体化供水系统。依托王快水库建立取水点建设供水设施，纳入城乡水网体系，建立自来水供水系统。

3. 排水规划

由于新农村生活区建于较平缓的地方且较集中，故对生活废水、厕所水可建化粪池，经处理后，直接排放到沼气池。

二、电力规划

由曲阳县电网负责供电，实现双回路供电，保证供电质量。所有新建线路均采用地下电缆，直埋或通过电缆隧道铺设，主要沿道路铺设，逐步取消架空线路，提高电缆铺设率，实现配网自动化和环网供电。

三、通信规划

1. 通信设施规划

在生活休闲区设卫星接收装置，或从城区连接有线电视和宽带网络，以满足当地观看电视和上网的需求；开通卫星电话、数字手机等业务。

2. 邮政设施规划

在游客服务中心开设邮政代办柜台，开设邮件投递等业务。加快当地快递物流业发展，中通、申通、圆通、汇通、国通、韵达快递等在当地设置中转站。

四、安全防灾规划

1. 保安管理系统

重要位置设置闭路电视监控系统，通过同轴电缆将监控信号传至保安中心，并保留影像记录，为发生刑事案件和事故的侦破提供相应的影像资料。聘请正规保安公司，组织保安人员按照保安服务规范，合理配置保安人数、设置巡逻线路，对区内相关工作点和保安区进行巡逻。

2. 旅游项目安全措施

（1）车行路安全措施

在进入景区外部交通道路及景区内通过主要居住区域道路设置减速带，在危险路段按照交通部门要求设置安全提示标志。

（2）步游路安全措施

在湖、沟等处要修建防护栏并设置安全提示牌。防护栏应结合步游路环境进行设计。

步游路建设要注重质量，滨水、林地步游路采用防滑石质或木质材料，确保安全。

（3）其他旅游项目安全措施

要特别做好滨水项目的安全防护措施，配备安全救援体系。危险地段增加明显的游客安全提示标志。儿童活动区要强调有成年人的陪同。区内交通、机电、游览、娱乐等设施设备要定期检查，确保其运行正常。

3. 防灾减灾规划

（1）规划原则

①坚持安全第一的原则，保障游客和生态环境安全。

②坚持“以防为主，准确预报，快速反应，措施有效”的原则，依托地区防灾减灾系统，建立景区有效防灾减灾机制。

③建立快捷、畅通的灾情信息管理系统，提高防灾意识和预警能力。

④制订和完善救灾预案，按照合理服务半径配置救灾设施，提高救灾能力。

⑤设置专门救灾防灾指挥系统，保证灾时能快速指挥游人安全撤离，并快速恢复正常。

（2）消防规划

规划区内各项建设必须严格执行国家颁布的防灾规范，确定防火等级，健全消防设施。车行道路满足救灾的消防通道要求。按照 5 分钟到达救助点的标准设置消防站，满足防火救火需求。区内的建筑要完善灭火水网系统，配置防火灭火设施。

（3）火灾预防规划

为保证防火安全，保护林地、农田等资源，制订火灾预防措施如下：

①建立火情监控系统和预警系统。

②建立火灾应急体系，配置相关的防火设备（检查站、瞭望台、蓄水池等），火灾易发期增派火灾监控人员和防火人员。

（4）气象灾害预防规划

为保证游人安全，制订气象灾害预防措施，具体如下：

①建立先进的灾害预报、警报和应急系统，提高对致灾天气的监测、预报和应急能力。

②加强规划区水土保持工作，减少水土流失，消减地表径流及河道洪峰，增加防洪工程的安全度，延长防洪工程的使用寿命。

③做好区内水土保持及河道疏浚工作，防止因不当开发造成河道淤积、堵塞等影响河道安全的现象。

④湖边建设安全撤离通道，达到保证 2 小时提前通知，1 小时内全部撤离的安防要求。

⑤河道中严禁堆放杂物、乱石或搭建临时建筑，要保持沟谷河道的排水

畅通。

（5）防雷规划

为了防止雷击事件，按照国家关于《建筑物防雷设计规范》要求，区域内要铺设防雷接地设施。在各种建筑物顶层设避雷设备，设备接地线要直接接地，通信等电子设备接地及防雷体系共享接地装置，综合接地电阻要求小于1欧姆。

（6）其他规划

①在游客中心成立救援指挥中心，设有多个24小时开通的求助和报警热线，并派专人轮流值守。

②安全管理工作人员应配备有移动通信设备。

③区内应当根据当地的气候和天气状况，在易发生自然灾害的危险路段、场所设置规范醒目的中英文警示标志或禁止进入标志。

④在各个公共建筑、娱乐场所和客流量较大的地段设有安全出口、应急通道和安全疏散通道，并确保这些通道保持畅通。

⑤修建防护林、堤坝、排洪渠等防灾基础工程，并修建与游客规模匹配的避难所、防洪高台和其他布局合理的灾害避难所。

第十三节 旅游保障规划

一、多种渠道、多种方式筹措建设资金

发展全域旅游所需资金较大，因此应畅通融资渠道，实现投资主体的多元化，吸引地方企业以及个人资金投入。同时，投资方式应该多元化，可以采取入股、贷款、合作经营、合伙经营等方式。要精心包装一批开发潜力大、市场前景好的重点旅游项目和产品来进行招商引资，提高项目和产品的知名度；构建产权激励机制，引导企业和个人对旅游开发建设项目进行投资，拓宽资金融通渠道。只有通过多种渠道、多种方式筹措建设资金，并保证资金按时到位，才能确保规划项目的顺利实施。

二、旅游业服务人才的培养

服务技能培养方面，可在SEP理论（S：smile微笑；E：enthusiasm热情；P：perfect完美）指导下提高人才素质结构。应当努力提高和改进旅游市场营销从业人员的素质和结构，完善相关的服务措施，以热情饱满的姿态去为每一位游客服务，尽量做到每一个环节是完美的，而且是高效的。

具体措施如下：

（1）加强政府的引导和管理

政府要加大对乡村旅游人才培养的重视力度，从制度层面上加强对乡村旅游业的指导和管理，制订合理可行的人才政策，积极吸收先进的经营管理人才为乡村旅游业服务；还要加强对乡村旅游从业人员的考核，使其自觉提高专业知识和技能。

（2）经营者积极探索合理有效的经营模式

乡村旅游业的经营者，除了政府之外，还有个体或者合体的旅游企业。但许多经营者目光短浅，对于旅游资源开发不够合理，只是泛泛地加工没有突出地方特色，没有树立景区形象意识，只注重旅游资源的外在形象，不注重其文化内涵，致使乡村旅游资源失去了其原本的价值和魅力。因此，经营者们要合理开发现有的旅游资源，使审美视觉和文化内涵结合为一体，不断学习先进的经营管理理念为自己所用。

（3）加强和各大院校的合作，吸收专业、先进的人才

乡村旅游的人才培养方面，虽然后期的培训很重要，但是如果本身就有专业型的人才，不仅可以提高整体从业人员队伍的素质和质量，而且还能节省大量的培训费用。因此，乡镇政府或旅游业经营者可以和各大高校合作，专门培养适合乡村旅游业的人才。还可以在当地建立教学实习基地，促使相关学生在加强理论学习的同时提高实践能力，努力培养适应乡村生活并真正愿意在乡村发展的复合型人才。

第十四节　旅游产业规划

一、规划原则

1. 生态友好

旅游产业规划以自然生态为前提，充分考虑低碳经济下农业在资源、产品、经营、管理、消费等方面的多重效用，形成生态农业产业链。

2. 三产融合

以第一产业为基础，发展循环农业；以第二产业促保障，发展保鲜和深加工产品；以第三产业为窗口，发展商贸物流和乡村旅游。促进农业“接二连三”，实现三产融合发展，整体提升农业的有效供给与附加价值。

3. 打造特色乡土旅游产品

旅游产品开发一定要彰显齐村乡“四万一千”的地方特色，并结合当地的历史文化（尤其是红色文化）进行深度挖掘，创造出具备该村特色的土特旅游产品。

4. 打造自主品牌

与旅游市场相结合，开展产品体验园等具有创意的自主项目，供游客参观、体验和购买。

二、具体规划

1. 红枣产业发展规划

（1）红枣发酵产品（果酒和果醋）开发

发酵型红枣产品具有较高的营养价值，能够满足游客对旅游产品绿色、天然、健康、时尚、享受等方面的需求，具有广阔的市场前景。

（2）红枣汁/浆和红枣粉产品开发

红枣汁/浆和红枣粉均保持了红枣天然的营养成分，无论是单纯以红枣为基础的饮品，还是红枣复合饮品（如红枣与枸杞等配制而成的复合饮料）都深受广大游客喜爱。

（3）红枣工艺品开发

红枣木和枣核可加工成各种雕刻工艺品，如枣木手链、精美的枣核雕刻饰品等。

2. 核桃产业发展规划

（1）核桃食品、营养品的开发

核桃营养价值丰富，有“万岁子”“长寿果”“养生之宝”的美誉，可开发核桃乳（露）、核桃酒、核桃酸奶等饮品，开发核桃营养粉、核桃糊等营养品，还可开发一些休闲小食品（糖核桃仁、炒核桃、核桃仁糕点等）供游客品尝和购买。

（2）核桃工艺品的开发

主要为核桃雕刻工艺品的开发，如观赏用酒店花瓶、办公用品（如笔筒）、家居摆设（如实用性台灯、落地灯、相框、抽纸盒、烟灰缸、茶叶筒）、饰品（如项链、手链、手机挂件）等，可根据齐村乡的独特历史文化（尤其是红色文化）和民俗特色进行创新和改造。

（3）核桃药品的开发

可开发的核桃药品如核桃醌，具有抗出血的生物活性，可以药用，可治血崩、乳痈、疥癣、牛皮癣及疮疡等。

3. 林下经济产业发展规划

园区林下经济以林下散养土鸡为主要特色。土鸡具有肉质细致、肉味鲜美等特点，园区可通过“林养结合”“生态循环”和“原生态养殖”的方式打造出具有原生态风味的特色土鸡品牌，并可以在养殖基地建设观光体验园，让游客可以切身感受绿色、原生态的养殖方式和品尝风味独特的土鸡食品。

4. 水产养殖产业发展规划

园区水产养殖产业以开发鲟鱼产品为主。

（1）与休闲旅游相结合，拓展市场领域

创新鲟鱼观光和特色烧烤服务，与区域乡村休闲旅游相结合，形成区域休闲旅游观光加烧烤的特色，拓展市场空间，提升附加价值。

（2）养生休闲食品开发

鲟鱼浑身是宝，尤其以鲟鱼子酱为珍，有“软黄金”之称。鲟鱼软骨具有抗癌作用，鳃有清热解毒功效，长期食用鲟鱼，对于治疗腰痛、胃病和脱发等有明显疗效；除鲟鱼肉外，其鱼肚、鱼鼻、鱼筋、鱼骨等都能做出独具风格的中国名菜，均为上等佳肴。以此为基础，可进行养生休闲食品开发，如制作鲟鱼罐头、鲟鱼油、鲟鱼胶等。

（3）鲟鱼工艺品开发

鲟鱼可以制作鱼皮衣、鱼骨画这类工艺品。我国东北地区的赫哲族的鱼皮制作技艺就很成熟，可以借鉴。

5. 休闲旅游产业发展规划

齐村乡休闲旅游产业的发展以园区内的“四万一千”产业项目和“新农村走廊”交通干线为基础。

（1）发展乡村观光旅游与休闲度假旅游

万亩生态林区以发展短期休闲度假旅游为主，结合具体情况，可开发田园养老项目。万亩光伏区域、万亩果林区域、千亩鲟鱼养殖区域以开发休闲观光旅游为主。同时，把乡村休闲旅游作为窗口，展示园区及区域农产品、生态特色，带动周边农产品销售以及区域农业发展。

（2）打造休闲旅游餐饮特色

打造“乡村土鸡”“鲟鱼烧烤”两款特色餐饮，并分别形成区域餐饮特色集群，使之成为休闲旅游的重要吸引物之一。

（3）拓展乡村旅游新业态

以新农村建设集群为基础，发展乡村客栈、农家乐增加农民收入，巩固新农村建设成果。

第十五节　旅游服务设施建设收益与融资模式分析

一、收益—成本评价

齐村乡通过旅游规划建设，吸引游客来观光、休闲、消费、养生，村民也因此可获得一定的经济收益。

1. 经济收益

（1）投资估算

经过估算，本规划期内应建设主要项目的投资总额为 3 100 万元，按照规划分期划分，近期（2016—2018 年）投资 1 650 万元，约占总投资额的 53.2%；中远期（2019—2020 年）投资 1 450 万元，约占总投资额的 46.8%。具体见表 3-15-1。

表 3-15-1 投资估算表

基础服务设施建设项目名称	投资估算/万元	近期投资/万元	中远期投资/万元
民宿的开发建设	200	100	100
闲置房屋的开发	200	100	100
新建农家乐	200	100	100
新建宾馆	300	200	100
餐饮中心	300	200	100
旅游咨询接待中心（光伏特色）	500	200	300
厕所	300	200	100
垃圾箱	100	50	50
医疗诊所	300	150	150
Wi-Fi 服务设施	100	50	50
排水系统	100	50	50
供水系统	100	50	50
电力系统	200	100	100
消防等安全保障设施	200	100	100
合计	3 100	1 650	1 450

（2）营业收入预测

齐村乡近期的营业收入主要包括餐饮、住宿的收入，忽略计算期内价格上涨因素和淡旺季价格差，预测理想状态游客人均消费在 2020 年可达到 500 元/人次。经预测，其规划期内营业总收入 5 600 万元，年均收入 800 万元。

（3）税收

营业税按照年均营业收入的 6%计算，所得税按 25%计提。

（4）成本费用预测

经营成本主要包括员工工资和福利、生产成本、设施维护保养费等。根据行业标准，营业成本按照营业收入的60%计算，齐村乡年均收入为800万元，则景区年均营业成本为480万元。

（5）折旧

因齐村乡固定资产投资为3 100万元，主要用于房屋建筑类项目，折旧年限较长，为30～40年，其他设施设备类折旧为8～12年。根据实际情况，折旧期限按20年计算，期末资产残值率取30%，采用直线折旧计算法，则每年固定资产折旧为100万元。

（6）利润估算

在计算期内正常运营，年留有收入基本实现的情况下，齐村乡年利润预计为100万元，扣除25%的企业所得税，年均净利润为75万元。

（7）投资效益分析

投资收回期＝投资总额/年净现金流＝3 100万元/（175万元/年）＝17.7，则投资回收期为17.7年。

2. 文化收益

通过旅游开发，齐村乡当地所特有的文化会受到社会普遍重视与关注。

3. 生态环境收益

在齐村乡的开发过程中，通过合理规划建设，全面落实各项保护措施，加强对该地药材种地、红枣产地和动植物生长栖息地、水资源以及其他景观资源的保护，可以促进该地区的生态经济的发展，使其得以保护；通过广泛的旅游宣传，可以提高游客、当地居民的环保意识以及参与环保活动的自觉性，使齐村乡生态环境得到进一步改善，并产生巨大的生态效益。

4. 社会收益

通过齐村乡的建设，可提高当地的知名度，带动当地人流、物流、信息流的发展，改善当地的人文环境，从而促进山区经济、社会的全面进步。

二、融资模式

融资的方法一般有三种：向政府申请；社会融资；村民集资。齐村乡旅游开发离不开金融资源的支持，但长期以来农村金融严重滞后农村发展、农村金融滞后城市金融的非均衡局面却制约着齐村乡旅游的发展。

国家一号文件对现代农村金融体系给予了充分重视，文件提出了“优先保证‘三农’投入稳定增长”的倾斜政策，充分发挥财政资金引导作用，带动社会资金更多投入农业农村；并且期望通过全国中小企业股份转让系统，推出“新三板”上市募集资金的渠道，推动证券期货经营机构开发适合“三农”的个性化产品。

其中最重要的是政府提出要充分发挥财政资金的引导作用，这释放出明确的信号：未来进入乡村旅游开发的资金理应属于进入“三农”领域的社会资金，财政资金会给予必要的认可和支持。也就是说，投资乡村旅游将会获得政府资金的支持和扶助。但是，乡村旅游开发仅靠政府资金的支持是远远不够的。

1. 乡旅融资渠道

旅游产业融资一般有7个渠道，即“跑钱”（积极争取国家和省市支持）、“借钱”（与金融机构合作）、“引钱”（对外招商引资）、“融钱”（资本市场融资）、“兑钱”（盘活资产）、“汇钱”（吸纳社会个人投资）、“挤钱”（自身加大投资）。

2. 乡旅开发融资特点

（1）政府是融资主体

一般旅游资源开发，应以一个市场化的企业作为主体，但在乡村旅游开发中，村集体发挥着举足轻重的作用。

（2）融资总量较小

乡村旅游注重原汁原味，无须过度包装，从业人员也可当地消化，总投资量相对而言并不大。

（3）易“跑钱”

新农村建设是国家建设的重中之重，乡村旅游亦是国家旅游发展的后起之秀，受到国家和各部委的关注和重视。

（4）易“汇钱”

乡村旅游直接关联人及受益人就是当地农民，农民以多样方式入股的积极性高，入股方式有资金入股、房屋产权入股、劳动入股、技术入股等。

3. 拓展齐村乡旅游融资渠道的方法

按照“多渠汇流”原则，乡村旅游开发根据旅游业投融资趋势和规律，提出融资综合解决方案。即“跑钱”方案、“借钱”方案、“引钱”方案、“融钱”方案、“兑钱”方案、“汇钱”方案、“挤钱”方案。

（1）争取国家和省、市加大扶持——“跑钱”方案

①投资重点。根据政府投资走向，重点投资于难以获得直接收益的公共领域：交通等公共基础设施及公共事业；大气、水源等环境治理项目；大堤文物、遗址等的保护和维修。

②主要措施。为争取国家、省、市政府的投资，需要做好几方面的配套工作：争取计划单列，加大上级扶持力度，放宽地方执行权限。打好政策组合拳，充分利用各种配套优惠政策和各种资金渠道。全面、充分地利用农业、林业、药业、能源、环保、扶贫、文化项目等优惠政策，形成“政策洼地”；全面整合各方面投资渠道，形成规模投资。根据投资走向，做好项目前期工作。积极策划和筹备一批既符合国家、省、市投资重点，又体现当地特色的乡村旅游项目，抓紧项目建议书和可行性研究报告的编制。

（2）加强与金融机构的合作——“借钱”方案

乡村旅游发展所需资金数额巨大，无法单纯依靠政府投入得以解决，需要按照经营城市的思路，充分盘活资产存量，加强与金融机构的合作，强力推进有收益的乡村公共服务设施及环境项目建设。

①资金渠道。随着国内金融业的快速发展，金融机构的资金存量有了较大的增长，商业银行、政策性银行的投资能力不断提升。乡村旅游作为投资的热点越来越受到金融机构的青睐，可以充分利用这一优势开辟融资渠道。同时，随着我国利用国际资金能力的提高和投资领域的进一步开放，国际金融机构在华投资规模不断扩大，为乡村旅游拓展国际融资渠道创造了条件。

具体资金渠道包括：向商业银行（如工商银行、建设银行）申请抵押或质押贷款；向政策性银行（如国家开发银行、农业发展银行、中国农业银行、中国银行及进出口银行）申请贴息贷款；通过卖方信贷；通过担保公司进行融资担保；申请世界银行、亚洲开发银行贷款；申请国家间援助性贷款。

②融资方式。针对旅游资源开发，主要可以采用以下方式融资：

门票质押：以未来门票或连同其他收费权作质押，向银行贷款。

景区开发经营权抵押：景区的开发经营权作为一项资产质押进行信贷。

土地抵押：将国有土地的使用权抵押项目信贷，尤其是进行乡村旅游相关开发引起大幅度增值的景区周边的土地。

建筑物抵押：将相关建筑物的所有权作为抵押物进行贷款。

景区的抵押或质押项目信贷一般要求自有资本投入25%以上，可向银行贷75%。开发商使用国有资产作抵押或质押，银行或其他金融机构则通过相应金融工具为乡村旅游资源的开发提供金融支持，包括采取比较灵活的小额信贷方式。

实际操作中，如果景区的开发规划有足够吸引力，同时开发商具备一定的信用，开发中的工程建设也可通过垫资方式进行保障。垫资比例一般为30%～40%，如果有相应的垫资融资财务安排，垫资比例甚至可达100%。如乡村旅游项目开发能与开放游览同步进行，还可对旅游商品开发、广告宣传、道路建设、景观建设等多方面经营内容进行商业信用融资，主要包括：垫资建设、代销商品、门票抵扣、预售预卖、时权融资等。

③成立资产信贷公司，明确借贷主体。明确资产产权，剥离劣质资产，分离出可用于借贷的优质项目抵押资产。加大前期工作的力度，研究乡村旅游开发区域的资产体系及相应的政策扶持措施。

（3）加大旅游项目对外招商引资力度——“引钱”方案

①主要方式。通过政府招商部门、旅游企业的招商部门、专业招商机构、关联企业及关联人、招商会、专用招商网站、其他媒体等渠道发布招商信息，与开发商取得联系，根据乡村旅游项目和开发商的情况，确定具体的招商引资方式。具体来看，主要方式有三种：

招募入股融资：开发商以股份有限公司的主发起人的身份，向社会定向招募投资人入股，共同作为发起人，形成资本融资。

定向募股融资：开发商先成立自己绝对控股的有限责任公司或股份有限公司，再向社会定向募股，以增资扩股的方式引入资本金。

整体项目融资：开发商在开发中设立若干个乡村旅游项目，并制作单个项目的商业计划书，按照投资规范的要求准备招商材料，并依据招商材料向境内外的社会资金进行招商。其中可以采用BOT（建设—经营—转让）等多种模式，也可合成开发、合资开发、转让项目开发经营权等。

②解决方案。加大投资开放力度，引进国外资金，制定优惠政策，探索多种合作模式，加强政府的协调职能。改善投资环境，树立亲商、富商的理念。做好乡村旅游项目包装与招商资料的准备，具体材料包括：项目建议书、商业计划书、乡村旅游项目可行性研究报告、乡村旅游项目策划及规划、具体合作意向书、各项优惠政策、基本法律文件等。

（4）充分利用资本市场融资——“融钱”方案

随着旅游业的发展和资本市场的发育，通过资本市场融资已成为旅游开发可选择的融资方式之一。登陆国内资本市场的旅游企业现共有43家，其中景区类旅游上市公司13家。

①资本市场融资方式。乡旅产业主要有国内上市融资和信托融资两种方式。

国内上市融资：上市发行股票的一种方式。

信托融资：新《信托法》出台以来，信托投资公司已经拥有了比较大的运作空间，并创造了一些新的金融工具，可选择利用。

②解决方案。优化公司资产结构。从主要依赖门票收入的景区开发经营模式，向宾馆、民居旅馆、餐饮经营、旅游交通、旅游纪念品产销等多项业务转移资本和收入，增强企业的融资能力。积极探索资本市场上新的融资方式。

（5）创新模式盘活民居资产——“兑钱”方案

当代人的生活方式和居住观念正在发生着深刻的变革，乡村旅游与房地产结合创造各种乡村旅游住所，已经成为乡村旅游深度开发的趋势。

①盘活方式。

产权融资：包括产权酒店、商铺产权发售、项目公司拆分产权发售等方式。

出售部分产权：如开发分时度假等。

第二驻地：开发第二居所、企业第二总部（或企业庄园）等。

租赁融资：包括设备租赁、资产租赁、土地租赁、房屋租赁等。

民居收藏：开发文化民居收藏、主题民居收藏等。

②配套措施。对乡村现存住房进行分类登记，策划对应的盘活方式。创新居民管理方式，如发行“绿卡”，赋予居住者永久居留权。积极引进中高端人群入住。

（6）当地群众投资——“汇钱”方案

随着经济的发展，民间资本的投资能力愈加可观。景区的旅游开发，比较适合当地民间资本的投入。积极鼓励群众投资齐村乡旅游开发，汇集零散的小额投资集腋成裘，是一条有效的融资渠道。

①投资重点。重点引导当地群众投资到投入小、见效快、回报稳定、经

营方式灵活的领域中。

②群众投资的常见旅游配套服务领域。

旅游餐饮：餐馆、酒吧、茶社、咖啡馆等。

旅游交通：旅游客运公司、景区内部交通等。

民居旅馆：民宿、农家乐、渔家乐等。

旅游商品：旅游纪念品销售、民间手工艺品制作等。

旅游娱乐品：民俗表演、曲艺演出、特色娱乐服务等。

旅游景点：小型景点的开发等。

旅行社：小型的地接社等。

其他适宜的旅游配套服务：游客咨询等。

（7）加大地方政府投资力度——“挤钱”方案

地方政府的投入是乡村旅游开发项目的融资立足点和基础，有策略有重点地加大地方政府对乡村旅游业的投资力度，不但可以直接部分解决资金短缺的问题，而且能够为其他融资渠道的畅通提供保障。

①投资重点。地方政府投资重点在于引导其他渠道的资金注入，扮演“引子”资金的角色。

投入为争取上级政府资金扶持而进行的前期和配套建设。投入与银行贷款项目相配套的项目。投入与商业投资项目相配套的项目，尤其是乡村旅游配套基础设施的建设。设立鼓励基金，采取政府贴息贷款等方式引导民间资金投入。

②主要措施。设立固定的支持乡村旅游发展的财政专项资金，纳入财政预算。提高理财水平，增加乡村旅游相关项目投资。加大财政监管力度，确保从各个渠道投入齐村乡旅游的资金都能得到合理的使用。

第四章　景区依托型乡村旅游扶贫规划：涞水县松树口村

本规划由原河北省旅游局委托河北大学旅游研究中心于2007年6月完成。此项目主持人为曾磊教授，参加成员有王玉成、邢慧斌、孔旭红、王子新、赵龙等人。①

第一节　总论

一、规划范围

涞水县松树口村扶贫规划范围为松树口村域所辖范围，规划总面积为6.7平方公里。

二、规划目标

根据乡村旅游的实质，充分挖掘松树口村特有的旅游资源，将其培育成为河北省乡村旅游接待精品项目。利用松树口的资源优势和区位优势，加大乡村旅游发展力度，塑造乡土气息浓厚的乡村旅游地新形象，建设特色鲜明、精致优美的野三坡景区依托型乡村旅游区。

---

①　本规划于2007年完成。为保证规划的完整性，本书中本规划的数据等仍以规划编制时间的情况为准，并未更新数据。

三、规划期限

本规划期限为2008年至2012年，分为近、中远两个规划期。其中2008至2010年为规划启动和旅游基础设施建设完善时期；2010至2012年为规划实施完成和旅游产品丰富发展时期。

四、规划依据

本项规划主要依据如下国家和地方相关政策、规划和法规：

《中华人民共和国土地管理法》

《中华人民共和国环境保护法》

《中华人民共和国环境影响评价法》

《中华人民共和国文物保护法》

《旅游规划通则》（GB/T18971—2003）

《旅游资源分类、调查与评价》（GB/T18972—2003）

《AAAA级旅游区评定办法（试行）》

《河北省旅游条例》

《河北省乡村旅游服务规范》（试行）

《河北省旅游业发展总体规划》

五、规划成果

文本：《涞水县松树口村乡村旅游总体规划》

区位分析图

村庄现状图

特色景观要素分析图

村庄功能分区图

村庄旅游设施图

村庄标志设计效果图

村庄中心广场设计效果图

村庄停车场设计效果图

滨水区设计效果图

农户院落布置平面图

第二节　旅游发展基础分析

一、松树口村概述

松树口村是隶属于河北省保定市涞水县三坡镇的一个自然村，如图 4-2-1 所示。始建于清康熙年间，距今有 300 多年历史，因村口有两棵松树而得名。松树口村坐落于太行山北段山区，位于著名的野三坡风景区中部，地处通往野三坡百里峡景区的必经之路。背靠太行山，俯瞰拒马河，距离北京市市中心仅 100 多公里，距镇政府 10 公里，地理位置十分优越。气候属温带大陆性季风气候，年均温度 12 ℃，比涞水县平原地区低 5 ℃左右，昼夜温差大，年均降水量 517.7 毫米，适宜夏季避暑。

图 4-2-1　松树口村全貌图（2007 年 7 月）

松树口村村前有保野（保定—野三坡）公路和京原（北京—太原）铁路经过，公路全部为三级柏油公路。松树口村距京原铁路野三坡车站10公里，距苟各庄车站3公里，该线每天有4列客车对开于太原和北京南站，到旅游旺季增开往返野三坡景区旅游专列，具有良好的交通通达性。

全村总面积6.7平方公里，耕地150亩，其中水田80亩，旱地70亩。主要农作物有玉米、水稻、高粱等。山地7 163亩，主要树种有松树、柞树和杏树。山间盆地约200亩，河滩地400亩。

松树口村路面全部实现硬化，于2000年完成了无线通信信号网络建设，中国移动、联通信号覆盖全村，通话质量良好。

松树口村属革命老区，2007年底有村民84户，总人口284人，人文环境良好。

二、旅游资源调查与评价

1. 乡村旅游发展现状

由于紧邻野三坡风景区，松树口村是典型的景区依托型乡村旅游点，其发展速度的快慢很大程度上依托着景区的发展。随着野三坡知名度、美誉度的不断提升，到野三坡旅游的游客不断增加，现已遍及全国22个省、直辖市、自治区，达60万～100万人次。景区旅游方式以两日、三日的中长线游居多，景区的住宿、交通压力增大，周边的乡村旅游市场继续升温，为松树口村旅游业的发展提供了良好的契机。

2007年底，松树口村有农家院9户，每户有床位10～20个，最大接待能力约200人。每户年均收入3 000元左右。此外，几乎每户村民都有到景区抬滑竿、做导游、卖土产的经历，旅游业使得这个山区小村的农民逐步走上了富裕的道路。但与邻村苟各庄村、上庄村户年均收入万元相比，松树口村的旅游致富步伐缓慢了很多。并且，随着松树口村乡村旅游业的发展，暴露的问题也越来越多，亟待规划解决。

2. 旅游资源调查与分类

根据国家旅游资源评价标准，松树口村现有旅游资源分为地文景观、水域风光、生物景观、天象与气候景观、遗址遗迹、建筑与设施、旅游商品、人文活动等8个主类、13个亚类和20个单体（见表4-2-1）。应通过新建、恢复、整治等不同方式，丰富资源类型和建设资源单体精品，提升景区形象和增强旅游服务功能。

表 4-2-1　松树口村主要旅游资源一览表

主类	亚类	基本类型	资源	开发状态
A 地文景观	AA 综合自然旅游地	AAA 山丘型旅游地：北山	松树口村东北部山丘	未开发
		AAB 谷地型旅游地：翡翠谷	松树口村北谷地	未开发
	AC 地质地貌过程形迹	ACF 岩壁与岩缝：南天门	松树口村西山上地质地貌	未开发
B 水域风光	BA 河段	BAA 观光游憩河段：拒马河	流经松树口村的河流	未开发
C 生物景观	CA 树木	CAA 林地：山坡上	柏树林	未开发
		CAB 丛树：山坡上	灌木林	未开发
		CAC 独树：村口	松树林	未开发
	CD 野生动物栖息地	CDB 陆地动物栖息地：山上	獾、松鼠	未开发
D 天象与气候景观	DB 天气与气候现象	DBB 避暑气候地	松树口村	初步开发
E 遗址遗迹	EB 社会经济文化活动遗址遗迹	EBB 军事遗址与古战场：兵工厂遗址	村内	未开发
F 建筑与设施	FA 综合人文旅游地	FAB 康体娱乐休闲度假地：亲水休闲区	村前河水区	未开发
	FD 居住地与社区	FDA 传统与乡土建筑：石头瓦房	松树口村中	初步开发
	FG 水工建筑	FGC 运河与渠道段落：拒马河道	松树口村前	未开发
G 旅游商品	GA 地方旅游商品	GAA 菜品饮食：松树口农家菜系	松树口村传统饮食	初步开发
		GAE 传统手工产品与工艺品	手工坐垫、鞋垫、编织等	未开发
H 人文活动	HB 艺术	HBA 文艺团体：民间艺术	高跷、乡土文艺	未开发
	HC 民间习俗	HCC 民间演艺	乡土剧团	未开发
		HCF 庙会与民间集会：传统节日	春节、端午、清明、中秋、重阳、元宵等	初步开发
		HCG 饮食习俗	贴饼子、炸年糕、炖河鱼、情人菜	初步开发

根据松树口村的资源现状，按资源特点进行分类，分别为原生态文化、军事遗迹、自然景观等特色旅游资源（见表 4-2-2）。

表 4-2-2　松树口村旅游资源特色分类表

特色资源类型		旅游资源代表
人文景观	原生态文化	石头瓦房建筑群、乡土饮食、纯朴民风
	军事遗迹	兵工厂遗址
自然景观		南天门、翡翠谷、拒马河

3. 乡村旅游资源评价

景区依托型的乡村旅游发展需要具备三个要件：一是要紧靠知名度高的景区。二是自身要有独具特色的乡村旅游资源。三是具备一定的硬件和软件条件。这三点松树口村均已基本具备。

（1）紧邻“野三坡”景区的独特地理区位优势

松树口村地处野三坡风景区中部，是去往野三坡王牌景区“百里峡”的必经之路。源源不断去往野三坡景区的游客为松树口村开发乡村旅游提供了充足的客源。

（2）松树口村自然资源丰富，是天然的避暑胜地

松树口村自身的自然旅游资源也极其丰富，具备与景区内其他乡村竞争的实力。例如，村前的“南天门”、村后的“翡翠谷”、村口的“拒马河”，都是颇具旅游开发潜力的自然资源。南天门是松树口村村前太行山陡峭的崖壁上的一处地质遗迹，经亿万年地质变迁，岩石风化、剥蚀而成。因其形状酷似一扇大门，故被当地人称为“南天门”。南天门对称工整、棱角分明，无人工开凿的痕迹，堪称是一处集自然风光、地质遗迹于一体的优质旅游资源。沿松树口村村后的山间小路盘桓而上约 2 000 米，即可见到在群山环抱的山顶之上形成的一个天然盆地——翡翠谷，盆地面积达 200 亩。在海拔千米的高山上，能有如此平坦开阔的平原盆地十分罕见。翡翠谷现在被松树口村村民开发为耕地，种植玉米、高粱、黍子等农作物以及核桃、苹果等果树，由于雨水丰沛、土质肥沃，产量颇高。夏季翡翠谷碧绿苍茫，秋季翡翠谷漫山红叶，连同山间幽静曲折的小路，形成一处美丽奇特的绿色生态景观。流经松

树口村村口的拒马河，碧绿清澈、水面开阔，是开展水上项目的天然水场。

（3）原生态的村容村貌，独显魅力

松树口村建筑就地取材，多以山石为主要建筑材料，石墙、坡屋顶、灰瓦，错落有致，清雅幽静，形成了独特的建筑风貌。300多年历史的古村原貌被保护得非常完好，与周边发展得很城市化的“农家乐”乡村旅游点形成鲜明的对比，独显魅力。

（4）纯朴敦厚的民风，营造热情温馨的家庭氛围

松树口村的奇山异水养育了勤劳质朴的松树口村民，村民集老区人民特有的忠厚品德和山区人民特有的淳朴善良、热情好客于一身。很多农户能用自家房前屋后菜地的蔬菜做成一桌好菜，贴饼子、炒河鱼、炸花椒叶、摊鸡蛋、烙大饼都是很有地方特色的农家饭菜。来这里旅游不仅体验的是淳厚的乡土民风，还能感受到家的温情。

由此可见，松树口村的自然资源和人文资源都非常丰厚，具备发展特色化农家旅游的基本要件。并且，由于其独特的资源优势，有了与众不同的个性化新卖点。但这一卖点要适应旅游接待的要求，仍然需要提炼、改造和升华，以满足都市人“享受乡村生活”的需要。

三、旅游发展的SWOT（态势）分析

1. 自身的优势

（1）地利优势

松树口村距野三坡的王牌景区百里峡仅有3公里，还是通往“百里峡”佛洞塔风景区的必经之路。每年旅游旺季，游客车辆络绎不绝，这为发展当地“农家乐”提供了十分便利的客源条件。

（2）人和优势

松树口村虽然人口不多，但人心齐、干劲足、思想易于统一，尤其是村领导班子具有比较先进的旅游发展理念和带动全体村民通过旅游开发发家致富的强烈愿望，且具有一定的开拓精神和较强的工作能力。并且，相邻乡村的旅游致富，激发和调动了松树口村民通过发展旅游致富的决心，村民们通过发展旅游致富的信心很大。

（3）独特的资源优势

从松树口村乡村旅游资源评价分析中可知，松树口的自然、人文旅游资

源都十分丰富，并且拥有很多周边乡村所没有的独特自然景观。另外，野三坡在近两年开展宣传促销的同时，重点对自驾车客源进行深度开发，对主要客源城市的自驾车联盟、4S（汽车销售服务）店等，均做了专题、专线的营销，所以从2007年“五一”黄金周来看，自驾车客源成了野三坡的一个主流客源。自驾游火爆的同时对自驾车营地旅游设施提出了新的要求，松树口村村前保野公路旁近400亩的河滩地成为自驾车营地建设的首选，这一资源优势也是野三坡景区内其他村庄所无法比拟的。

（4）拥有原生态的乡村风貌

没有被特殊雕琢，没有被商业化污染，简约、质朴，散发着浓郁的乡土气息——这就是松树口村给人留下的第一印象。一个在开发了20多年的野三坡景区内难得一见的原生态的、未受外界影响和干扰的小村，没有鳞次栉比的商业招牌，没有城市化的乡村洋楼，有的只是幽静的蜿蜒小路、错落有致的灰瓦民居。村民“日出而作，日落而息”，民风朴实，乡野气息浓厚。在工业化的今天，原生态已经成为天然美、原始美、自然美的代名词，象征着生物与物种的多样性，象征着人类与自然的和谐，是人们梦寐以求的“人间天堂”。“原生态”的乡村风貌是松树口村发展乡村旅游最大的亮点和卖点。

（5）旅游发展基础优势

在村干部的带动下，该村已进行了初步的旅游开发，并有9家农户开设了农家院进行旅游接待。更重要的是，广大村民已经尝到了发展旅游的甜头，做好了发展旅游的思想准备。

2. 自身的劣势

（1）村落规模小

乡村旅游的特点就是要突出乡村生活的特色，所谓“住农家院，吃农家饭，体验农家生活”，这种旅游发展模式在客观上就要求游客有更大的旅游居住和活动空间。因此，较小的村落规模必然会限制该村旅游接待的规模。

（2）村民数量少

在乡村旅游发展过程中，游客和接待地居民之间是“你中有我，我中有你”的互融互洽关系，该村村民将是旅游接待的主力军。所以，较少的村民数量也必然会制约该村的旅游接待规模。

（3）接待人员素质不高

由于旅游接待服务工作完全由本村村民担当，而这些人又普遍没有接受过规范的服务技能的教育和培训，从而造成接待质量不统一、接待水平不高的现象。随着乡村旅游的发展，游客的要求也会越来越高，接待人员素质不高的问题将会成为制约该村旅游长期发展的一个瓶颈。

（4）知名度低

由于该村发展旅游起步较晚，加之本是革命老区，经济发展水平较低，旅游开发资金匮乏，导致该村旅游开发多以散户为单位“单打独斗”，缺乏统一协调和规划，更由于缺乏主动向外宣传推介，一直处于被动接待的地位，没有形成自己的特色和品牌，在游客群体中的知名度偏低，造成大量游客流失。

3. 面临的外部机会

（1）建设社会主义新农村的基本国策

在新农村建设的大环境下，各级政府都十分支持乡村改造，特别是拥有特色资源的乡村建设和整治。新农村建设的根本在经济建设，乡村旅游能够充分发挥乡村的自身优势，在投入相对较小的情况下，实现较好的经济效益，故而与新农村建设具有天然的契合点。松树口村具有得天独厚的区位优势，正可以借助政策的支持，抓住契机，大力进行旅游开发。

（2）各级旅游部门的高度重视和大力支持

为了发展河北省的乡村旅游，2006年河北省旅游局经过在全省范围内的严格筛选，最终确定了第一批30个乡村作为乡村旅游开发的试点，并拨专款、委派专业人员为这些入选的乡村制定旅游发展规划。松树口村以其自身的优势和实力跻身上述乡村之列，获得了前所未有的发展良机。保定市旅游局和涞水县旅游局的相关领导也高度重视松树口村的发展，并提供了方方面面的支持。

（3）野三坡景区的知名度不断提升

松树口村位于野三坡风景区中部，属于典型的景区依托型乡村。被誉为“北京后花园”的野三坡风景区，享有“国家级重点风景名胜区”“国家AAAA级旅游区”“国家地质公园”“中华环保生态示范区”“中华世界语旅游基地”等多项殊荣；尤其是松树口村毗邻的“百里峡”景区，更有“天下第一峡”之美称，正在吸引越来越多的各地游客，这些都为松树口村旅游发展提供了丰沛的客源市场。

4. 面临的外部威胁

松树口村的旅游开发所面临的最大外部威胁来自同类产品的竞争。从目前的旅游开发实际来看，尽管松树口村有诸多的优势条件，但该村的旅游开发却相对滞后。与该村相邻的乡村，典型的如上庄、苟各庄等村落的旅游开发起步较早，已经达到了一定的规模，初步形成了自己的特色，并在来访游客中拥有了一定的知名度。因此，松树口村能否充分发挥自身的优势和特色，冲破周围村落的“重重包围”，是一个很大的挑战。

第三节　旅游规划策略

一、旅游规划理念

1. 规划宗旨

乡村旅游开发要符合市场规律和农村实际，就需要向“个性化”方向发展，保持自己的特色，避免大而洋、大而全、千村一面。根据松树口村紧邻野三坡的地理区位和资源特点，松树口的乡村旅游发展模式应该定位为“景区依托型”的乡村旅游。依托重要景区，充分发挥自身资源优势，发展以回归自然、体验农家生活为主要内容的旅游接待服务。围绕提供“原汁、原味的山村农家接待”目标，规划设计中杜绝千篇一律的、城市化的、商业化的修饰，维护山里村庄的自然、质朴、久远、清幽的形象，树立起“原生态山里人家”的旅游形象。

2. 规划原则

（1）原真性的原则

新农村建设并不是搞大拆大建，而是在协调保护基础上的完善。松树口村的自然性和原生态实际本身就是发展乡村旅游的无形资产，保护好现有的自然资源和乡村风貌就是保住了松树口村发展的“根基”。因此，在松树口村乡村旅游规划中一定要杜绝不合理使用或额外添加新建筑，以及设施对自然风貌的真实性所造成的伤害，切实保护好松树口村的原生态环境。

（2）适度开发的原则

在有效保护的基础上，结合新农村建设和旅游发展的需要对基础设施进行合理开发，促进旅游业和相关产业的发展，促进当地社会经济发展和新农村建设。

（3）以人为本、兼顾生产和生活的原则

规划应始终贯穿适宜村庄居民居住的理念。村民毕竟是村庄长期的主人，要长期生活在这里，规划设计在方便游客的同时，一定要以方便居民生活为首要设计目标。

（4）近、远期相结合的原则

规划要立足于现在，着眼于未来，根据当地的经济水平和发展情况，将规划期分为近期和远期两个阶段。保证规划能有计划、有步骤地实施，防止急功近利、追求短期效益的行为发生。

3. 规划思路

本规划小组在深入了解松树口村历史、地理和民俗的基础上，根据乡村旅游发展现状，确定其发展模式、发展特色，并据此设计旅游产品，规划村域范围的旅游发展空间布局，按区片进行空间形态规划，对建设风貌、景观走廊、标志系统、环境整治进行规范。规划在反复征求村民及镇、县、市旅游规划部门意见的基础上修正完善。

二、旅游产品设计

1. 来访游客特征分析

松树口村客源以分流百里峡访客为主，来访游客的特征可以概括为以下几点：

①就游客来源地而言，传统客源来自京、津、石、保等周边城市，近年来内蒙古、辽宁、黑龙江等地游客逐渐增多。

②由于距主要客源地较近，在出游方式上，大量游客系自驾车前往；远距离游客为团队出游。

③在出游组合方面，以家庭为出游单位和与亲朋好友结伴出游的比例较大。

④在旅游时间上，一般在“二日游”以上，多有在当地住宿的需求。

⑤在出游目的方面，多为观光休闲，希望回归自然、返璞归真，并要求

有一定的体验性。

⑥在出游时间集中度方面，多集中于春、夏、秋三季，只有冬季为明显的淡季。

2. 旅游产品的开发设计

针对上述的游客特征，结合松树口村现有的资源条件，旅游规划的目的是让游客深入体验太行农家生活，重点在以下几个方面进行旅游产品的开发。

（1）住宿产品

以现有农舍和院落为基础，因地制宜开发成各有特色的农家小院，为游客提供干净舒适的住宿服务，营造温馨舒适的家庭氛围。在住宿标准方面，在强调乡村特色的同时，一定要照顾到城市游客的生活习惯。

（2）饮食产品

农家饭的提供最好能够遵循以下几方面的原则：一是就地取材，原汁原味。如自家种的蔬菜，自家养的牲畜，当地山上采的野菜、猎得的野味，等等。二是干净卫生，保质保量。让游客吃饱只是最基本的要求，让游客吃好才是应该追求的目标，尤其是不能出现食品不卫生甚至食物中毒的事件，这就要求一定要严把饭菜质量关，不能出现一点纰漏。三是发掘传统，勇于创新。一方面要不断发掘当地的传统美食，另一方面又要根据客人的要求，及时改进饭菜的做法。比如，城市游客现在多喜欢吃粗粮食品，但又要求精工细做，所谓“粗粮细做”，这就需要对传统原料采用新的加工方式。再比如，农家人由于平时从事体力劳动较多，故饭菜口味较城市游客一般要厚重一些，但在为游客烹制农家菜肴的时候口味要着意清淡一些才好。

（3）游览产品

松树口村的游览产品开发的主要目的是延长游客的停留时间，增加游客逗留期间的生活情趣。所以，游览产品的开发一定要突出游客的参与性、趣味性和体验性。例如，可根据当地农业生产的时令适时开展瓜果蔬菜和农作物产品的采摘活动等。另外，可将散落在农户家中的当年军工厂的遗留物件收集起来进行展览，并由当时的亲历者进行讲述，这样不但可以增加松树口村的人文内涵，还可以起到革命传统教育的作用。

（4）娱乐产品

松树口村村边有大片空闲的河滩地，可在该处举办篝火歌舞晚会，并加入当地的民俗表演，辅之野外烧烤活动，带动广大游客积极参与，丰富过夜游客的晚间生活。尤其是对那些自驾车旅游的游客，还可以根据其需要为其提供帐篷等过夜设施，不但增加了旅游的情趣，还可以缓解村内住宿接待能力不足的问题。另外，对于松树口村村后植被覆盖良好的山峦，可在对其进行适当整修后，推出攀爬、滑草等参与性强的娱乐产品。再有，松树口村村前有拒马河经过，可通过筑坝方式进行蓄水，开展钓鱼、游泳、皮划艇等水上娱乐活动。

（5）旅游纪念品

旅游纪念品不但可以增加当地旅游收入，更可以由游客带回客源地作为该村的有形宣传品。可充分利用当地资源，发挥传统制作工艺，开发藤制品、草编品、布艺品等成本低廉、特色浓郁的旅游纪念品，也可将山货如核桃、杏、花椒等包装出售。旅游纪念品可摆在农家院落中供游客挑选购买。

三、旅游发展功能定位及空间布局

1. 乡村旅游发展功能定位

以野三坡景区为依托，以松树口村古乡土建筑为载体，以和谐纯朴民风为基础，以原生态山里人家为理念，打造集休闲、娱乐、观光、度假、购物于一体的乡村休闲旅游度假村。

2. 乡村旅游规划空间布局

针对松树口村系列旅游产品规划，制订旅游空间布局如下：

（1）总体布局

松树口村由“一水、两路、一山（一水指拒马河，两路指进村路和环村路，一山指村后山地）”自北向南划分为自驾车营地区、滨水区、无公害农业区、居住接待区、生态保育区、养殖区等六大片区，形成以古建居住区为核心的“一核、两带、六区”（见表4-3-1）的旅游空间新格局。

（2）规划分区

居住接待区：居住接待区由一中心、两片区构成。

一中心：以村委会及门前中心广场为中心。

两片区：由村庄次级东西向主道路划分为两大片区，并由组团级道路划分为五个居住组团。每个组团都有自己的中心绿地，绿地中可点缀部分体现农家特色的建筑小品，为村民茶余饭后休闲健身、邻里交往提供场所。围合的院落空间延续了村民的居住习惯，增强了村民的归属感。片区划分主要依照村中次级道路交错产生，并利用了建筑年代的不同，同时通过不同植物的配植来增强组团的识别性，丰富视觉景观。

居住区以现在的村委会及其门前广场为中心，在广场修建改建的基础上，形成全村的旅游商业中心，设置商品部 2 个、卫生室 1 个，满足居民生活和游客需要。

自驾车营地区：通过对旅游市场发展趋势的分析可知，自驾游将成为本景区旅游发展的主流。因此，自驾车营地将成为吸引游客的主要旅游设施。结合村庄改造及其便利的交通位置，河滩地成为自驾车营地的首选。自驾车营地也可成为开展包括民俗表演和篝火晚会在内的文娱活动的理想场地。

滨水区：沿拒马河设置滨水区，设计水上乐园，增加水上娱乐项目。以丰富水景和亲水设施为主要设计目标，包括整修边坡、修筑拦河堤坝、设计小型跌水等。

表 4-3-1 松树口村乡村旅游规划空间布局图

空间布局		功能分区	功能定位	项目设置
一核	村内	居住接待区	传统石头瓦房旅游接待、民俗文化度假、体验游	古建筑、农家菜系、兵工厂遗址展示、民俗广场、商店、停车场
两带	拒马河	自驾车营地区	自驾车旅游接待服务	自驾车服务中心
		滨水区	亲水、戏水、水景观光	跌水、水上乐园
		无公害农业区	农事体验游	种植、采摘
	村后山地	生态保育区	生态保育	观光
		养殖区	牲畜养殖	现代养殖场、沼气池

无公害农业区：在村北滨水区与居住接待区间，将原有耕地规划改造，建立绿色无公害农业区。在满足村民和游客的生活需要的基础上，丰富村庄景观，建议成片种植水稻、向日葵、玉米，利用作物的自然色彩配景，营造春水、夏绿、秋金的自然景观。

生态保育区：指以翡翠谷为中心的村后山地。翡翠谷内大片优质农田可以充分利用，除了种植林果等经济作物外，还可利用大片开阔的良田，开展市民认种的活动，满足都市人在农间劳作体验的愿望。翡翠谷周围的山地设为原生态保护区，退耕还林，实施生态保护。保持生态是乡村旅游发展的基础，设定生态保护区是为了保护翡翠谷和松树口村的原生状态，保证乡村旅游沿着可持续的方向发展。

养殖区：为了实现村内生活区与生产区的严格分离，在村后山东侧下风下水处规划一养殖区，做到住宅集中连片，畜禽集中圈养。同时为解决村内生产垃圾和生活垃圾带来的“脏、乱、差”问题，实现“用能”的高效化、清洁化，提高村庄的人居环境质量，专门划出一块区域用于“三沼”（沼气、沼渣、沼液）的综合利用及产业化开发。沼气的开发利用也可以带动规模种植业、规模养殖业和生态农业的发展，增加村民的经济收入，提高村民的生活水平。沼气站主要利用动物粪便、生活垃圾、农作物秸秆等作为制造沼气的原料，制造的沼气又返回来为生产、生活、农业种植提供燃气、热力。通过沼气站的开发利用使居住接待区、养殖区、无公害蔬菜种植区形成一套完整的经济、环保的循环体系。

四、旅游设施现存问题分析

松树口村在旅游设施方面的不足主要表现在以下几个方面，旅游规划重点即为弥补这些缺陷。

（1）村庄入口无显著标志

松树口村坐落在绿树掩映的山坡上，与通往景区的过境公路间隔着拒马河和大面积河滩地，游客乘车从公路上经过很难注意到村庄的存在，而且公路上唯一的指示标志是竖立在公路北侧朝向南侧的混凝土石碑村名，很难引起游客的注意，这使得很多游客与松树口村擦肩而过，造成了大量客源的流失。

（2）大面积河滩地荒废未用

松树口村拥有近400亩的大面积河滩地，现在未经利用，杂草丛生，乱石、碎砂、垃圾堆积，且因处在村庄入口处，影响了整个村庄的形象，亟待整治。

（3）村内绿化不足

通过近几年对村庄道路、村内卫生的整治，松树口村的道路和卫生条件得到了很大提高，村内道路全部实现了硬化。但村内主要道路两侧和主要空地基本无绿化，影响了村容的提升和生态环境的建设。而且，入村道路两侧绿化单调，没有行道树，影响了游客进村的第一印象。

（4）给排水设施陈旧

村内供水采用打地表井的方式，该井建于20世纪60年代，输水管道建于20世纪80年代，目前已出现管道老化、破损，不能保证全天正常供水，只能采用每天按时供水半小时的方式，造成居民和游客用水的不便。村内无排水系统，污水通过渗漏方式排放掉，这种不科学的污水处理方式将造成农村地表水、地下水和土壤的污染，给农业的可持续发展留下严重后患，同时也威胁到饮用水的安全。

（5）传统旱厕亟待改造

村内厕所的改造还没有完成，除农家乐接待户内厕所改为水冲式外，其他农户内均为传统旱厕。还有部分农户盖有连茅圈，既不卫生也影响村内景观。另外，村内也没有公共厕所设施。

（6）环境卫生条件有待进一步完善

环境卫生的好坏已经成为评判新农村形象的重要指标，而目前村内没有统一的垃圾堆放点，村前的河滩地和村内部分闲置地成为村民们随意堆放垃圾的地方，既影响了村容村貌，也容易污染水源。

（7）需要修建村后翡翠谷通道

翡翠谷是一处宝贵的生态旅游资源，但现在通往翡翠谷的道路是村民自发清理的田间小路，由碎石简单铺垫十分难行，而要把游客吸引到翡翠谷，修路是首先必须解决的问题。

第四节　旅游专项规划

一、旅游空间形态规划

游客来乡村旅游留下的是对旅游地的总体印象，总体印象的好坏取决于乡村旅游总体质量。乡村旅游总体质量指游客单位时间内感受质量的总和，包括空间形态感受（环境、庭院、建筑、生态等服务及服务设施、餐饮等体验），以及乡村聚落文化感受，其中空间感受是最直观、最强烈的，因此空间形态建筑是乡村旅游环境建设的重要问题，应统一规划实施。

乡村旅游空间形态主要内容包括民居建筑、庭院景观、生态绿化节点、景观走廊及旅游线路。其功能作用主要是要营造“乡村”“田园”等意境，为游客的精神回归需求提供条件，乡村旅游点空间形态必须满足上述基本要求。根据松树口村的资源、文脉及市场特点，其总体形象应定位为“原生态的山里人家”。全村建筑风貌和环境整治应围绕这一形象定位展开。

1. 建筑风貌规划

乡村的民居必须有“乡土”味，要一律保持松树口村乡土聚落建筑特征。

通过实地调查得知，村内建筑主要集中在三个年代建造，一是最近五六年建的新房，二是八九十年代建造的老房，三是六七十年代的旧房。建筑质量等级基本属于一、二级建筑，通过整治改造即可满足接待需要。老房的建筑材料主要是石头、土、沙，以石做墙、坡屋顶，新房大多是砖混结构，大多数房屋是坡屋顶灰瓦。

遵照当地村民的住宿习惯，依靠丰富的石头建筑材料，全村的建筑风貌应保持现有的建筑风格和式样——坡屋顶、石墙裙、灰色瓦。色彩以黑、白、灰为主色调。对任何不符合上述要求的新旧建筑，都应改造其外观形式和建筑色彩，以达到环境的统一。如新建房屋外墙为水泥的，建筑立面应以鹅卵石装饰处理；平屋顶的改造为坡屋顶；门窗破损的，进行修复。建筑形式控制为平房，总高度在 3.2 米左右，使建筑融于风景中，建筑与景观相映成趣，创造良好的环境氛围。

松树口村乡村民居以石片瓦为最大特色，应予以保持和保护，禁止欧式建筑和城市化建筑，禁止使用马赛克、白瓷砖、琉璃瓦等城市化材质进行外观装饰。与乡村景观严重不和谐的进行拆除和外观改造。新增建筑建议以一层为主，特殊区域需建二到三层建议核报相关部门审批。

2. 庭院规划

庭院是游客居住地主要室外活动场所，应注意卫生，避免脏乱差现象。

（1）绿地

接待庭院应保持乡土聚落特征，种植乡村花卉、棚架绿植或其他乡村树木，保持乡村生态本色。如种植西红柿、黄瓜、辣椒、豆角、丝瓜等，既可起到美观作用，又可满足游客参与采摘的要求，其采摘的果实可直接食用或作为用餐的食材，增强游客的参与性与主动性。院内也可放置体现地方风土人情的劳动工具或娱乐设施（如锄头、人推的碾子、驴拉的磨、风车、秋千等）；窗户沿上堆满辣椒、玉米、瓜果等，呈现出鲜明的农家特色。

（2）围墙

庭院围墙保持石砌风格，也可部分采用荆条或花椒树及葛针、酸枣树等构成的生态绿篱，禁止使用瓷砖等城市化建筑材料。

（3）服务设施

院内硬化采用当地片石、卵石等生态材料，不提倡水泥铺装。院内树木或棚架下桌、椅、凳一律采取木质或石质等原生态材料制作，与乡土聚落保持和谐。

3. 标志系统规划

标志系统是游客最注目的介质，应精心设计、认真制作、严格管理，确保与国际接轨。

（1）村名标志物设计

以1米左右天然巨石制作村名，以混凝土砌台、鹅卵石贴面装饰为底座。以醒目的红色隶书或楷书书写“松树口村”4个字。并将村名标志物安置在村庄入口道路与保野路交叉丁字路的西北角，正面向东，让游客在路上可以清楚地看到。投资估算为2 000元。

（2）村庄入口景门设计

景门即村门，提示游客将进入乡村旅游景区，既有装饰作用，又有宣传和强化形象作用。景门以木、石自然材质或仿木、仿树等材质制作，禁用水泥、不锈钢等材质。门楼可采用混凝土支架，选择竹片贴面装饰风格，书写“松树口村欢迎您”等字样，背面写“欢迎您再来做客”。投资估算为1万元。

（3）旅游接待户的标牌设计

松树口村村内主要标志物为乡村旅游接待户的标牌。所有乡村旅游接待户需在大门口悬挂标牌，标牌统一制作，一律采用木质。另外，乡村指向牌、说明牌一律采用石或木等自然材质制作。

4. 景观走廊规划

自景门进入乡村旅游点或目的地的道路为景观走廊，景观走廊应保持良好的景观质量，以保持游客的完美感知质量。个别不能改动的不良景观，以树木、绿篱等进行遮挡。

景观走廊两侧禁止不良景观，应搬迁所有的牲畜棚圈，在此基础上整治村庄的卫生状况，清除垃圾，打扫卫生死角，将柴火堆放整齐。电视信号接收器、外挂空调等影响环境的物品采取统一处理或遮盖隐蔽的方法进行整治。

5. 道路规划

（1）环村道路

因村庄道路设施基本能满足游客需要，故道路交通沿用现在的交通道路系统，只在居住接待区外侧开设 6 米宽的环村路，道路两侧增加绿化带。投资估算 1 万元。

（2）村内道路

乡村内部道路除村东街为可行车道外，其余均为步行道。步行道在现已硬化的基础上加以砾石铺设花纹修饰。为确保游客安全，村内游步道旁应增加照明灯，对陡坎等危险地段应加护栏或警示牌。

（3）村后道路

村后通往翡翠谷的道路是村庄道路系统规划建设的重点，按步行道标准建设，为砾石路，不提倡使用水泥或沥青路面。投资估算 1 万元。

二、重要乡村旅游设施建设

1. 自驾车营地

为符合野外停车场要求，需要将现有河滩地进行整修，清理堆沙，填埋垃圾，清理河道，并就地取材以卵石砌坡加固堤坝。在营地与保野路间留出入口一个，修成斜坡状。在车道间种植速生柳。预计投资 3 万元。

项目策划：自驾车营地、篝火晚会、松树口村特色旅游接待地标志性建筑。

2. 滨水区

滨水区以拒马河为中心，采用自然式的设计手法，蓄积水面，整修边坡。主景是由石砌坝拦起的大型水面，北岸为停车及游客暂时休息区，南岸为生态绿化区，营造自然活泼、生机盎然的绿色生态美景。投资估算为 1 万元。

项目策划：水面可以开设漂流、划竹筏、垂钓等娱乐项目。

3. 民俗中心广场

为兼顾村民的生产和生活，合理利用村中有限的土地资源，村民中心广场兼具村内停车场、村民活动广场和晒谷场三大作用。中心广场以现在已经硬化的篮球场为中心，清理北侧的柴草堆，拆除东侧的厕所和猪圈。并以特色民俗标志装饰，在北侧布置村民健身器和休息座椅，并以绿化陪衬。拆迁及绿化、配备健身器材投资估算为3万元。

项目策划：村民健身、临时停车场、小型民俗表演场所。

4. 垃圾收集站

为解决村民分散倒垃圾所引起的环境问题，在居住区东北侧修建一处垃圾收集站，统一收集垃圾废物。垃圾收集站建设在村庄的下风下水较隐蔽处，避免视觉污染。

5. 旅游厕所

厕所是衡量一个地区文明的尺度，在村民中心广场西北侧隐蔽处应建设水冲或环保型旅游公共厕所，并由专人负责，保持卫生整洁，排污和垃圾处理应达标。厕所外观应有乡村特色，内部可贴瓷砖处理。

三、旅游接待环境整治规划设计

1. 外部环境整治与美化

松树口村良好的山地背景为村庄绿化提供了良好的自然本底，进一步的绿化、美化将重点放在房前屋后、道路两旁。对农户的庭院绿化美化进行指导，将蔬菜种植与绿色植物种植相结合，强调常绿植物和落叶植物的搭配。建筑外墙可种植攀爬、挂落类垂直绿化植物。

2. 接待内部环境设计

（1）农家堂屋

装饰讲求具有农家地方特色，堂屋大门可贴上对联或春联；堂屋要求光线充足，可挂有农村特有的挂饰品（如成串的辣椒、三五个玉米、葫芦等）或野三坡的风光照、黑白老照片；堂屋内设置供客人休息的休息处，配有农家特色的桌（茶几）、凳（椅），提供茶水服务；在堂屋明显位置摆放档次较好的农家乐宣传品、服务项目价目表、主要交通工具时刻表、旅游景区介绍、农家自制出售的土特产品，并适当摆设一般日用品、小零食以供出售。

（2）客房设施设备

每户最低不少于4张床位，具有10人以上床位的应男女分设。家庭客房适当装修，房内有符合农家氛围的装饰品，有床、桌、椅、床头柜等配套家具，床单、被罩、枕巾要求一客一换。客房照明充足，有窗帘；窗帘、床品的设计应突出农家品味，以区别一般客房；最好多使用白色或淡雅的颜色，每间客房的窗帘、床品的样式及颜色等应保持一致，避免杂乱无章。客房内备有农家乐服务指南、价目表、宾客须知，有热饮用水，有彩色电视，有双相、三相电源插座。客房门锁有暗锁，或可反锁，或有防盗链。有封闭水冲式卫生间，位置合理且方便使用，设施能满足基本需要，清洁卫生。卫生间可与浴室兼用，可用瓷砖贴面装饰，有淋浴设施，能定时提供热水，并配备梳妆镜、洗脸盆架（台）、毛巾、香皂、牙刷、牙膏、洗发液、沐浴液等。

（3）其他

庭院种植区与储物空间要分开，避免庭院的杂乱无章。

充分利用太阳能等新型能源，进行采暖设备和淋浴设施的配备。

开设农家旅舍的家庭成员须身体健康，无传染性疾病及其他有碍公共卫生的疾病；入住登记制度健全；能为客人提供贵重物品保存服务；提供游客行李存放服务；等等。

3. 餐饮设计

餐饮设计根本的原则是农家特色、家常风味。所谓农家饭就是指用柴火木炭烧制的粗食，食材原料出自本乡本土，土锅土灶烧制，农家饭菜能给久违的都市人以返璞归真、回归自然的轻松感。

（1）菜品搭配合理，突出当地特色

就地取材，节省成本，荤素搭配，设置不同的价格标准，可适当增加家常风味菜品，但重要的是突出本地特色。常见的本地特色有：

素菜类：山野菜、河菜、花椒芽、蕨菜、柴鸡蛋、香椿、杏仁、自制豆腐等。

荤菜类：小鸡炖蘑菇、油炸河鱼河虾、家常炖河鱼河虾、烧烤野味（烤全羊、山鸡、蛇、野山蝎）等。

主食类：贴饼子、家常烙饼、野菜团子、黄糕、枣糕、豆子糕、煎饼、小米粥、棒渣粥、南瓜粥等。

酒类：三坡酒。

（2）烹制方法多样，增加新鲜感

同一种食材原料在重复使用时尽量运用不同的烹制方法，让客人有不同的感受。如玉米，可熬粥，可做成玉米饼，或贴饼子熬小鱼等；鱼可烧、炖、熬汤，或做鱼咸菜。

（3）提供多样的用餐方式

除设立团队标准餐、散客点餐，也可组织客人参与采摘蔬菜、钓鱼，亲自手拉风箱、添柴火，自己动手，做一锅热气腾腾的农家饭。

（4）尽量提升烹饪水平，增加菜品美感

在菜品的烹饪、雕琢、摆放，甚至餐具使用和环境布置上精心设计，突出农家乐的用餐氛围。如南瓜可制成：煮南瓜、南瓜饼、南瓜焖饭、南瓜盅、南瓜粥等。

（5）其他

从业人员身体健康、有卫生部门核发的“健康证”；有完善的防蝇、防尘、防鼠及排污设施，餐（饮）具配套并符合卫生要求；有消毒专用设备；食品加工冷、热分开，符合卫生、质量要求。

四、旅游开发投资回报估算

1. 投资估算

表 4-4-1　投资估算表

项目	投资估算/万元	建造期预算	
		近期/万元	中期/万元
自驾车停车场	3	2	1
村口标志	0.2	0.2	0
道路整修	2	2	0
环境整修	1	1	0
生态厕所	1	1	0
商服设施	1	1	0
标识牌	0.2	0.2	0
滨水设施	1	1	0
民俗中心广场	3	2	1
生态养殖场	10	5	5
合计	22.4	15.4	7

注：表中数据与规划设计方案完成时一致，数值修约不再做进一步统一。

2. 效益回报估算

（1）经济效益

表 4-4-2　年收入估算

项目	收入/万元	备注
餐饮	30	以每人平均消费 50 元计，日接待 30 人，接待天数为 200 天
住宿	12	以每人平均消费 20 元计，日接待 30 人，接待天数为 200 天
娱乐	18	以每人平均消费 30 元计，日接待 30 人，接待天数为 200 天
养殖	10	以小型养殖场效益计算
合计	70	

表 4-4-3　年支出估算

项目	支出/万元	备注
餐饮	18	按收入的 60%计
固定资产折旧	5	按 40 年折旧
营业税金费用	10	按收入的 15%计
养殖成本	5	
其他费用	7	按收入的 10%计
合计	45	

利润预测如下：

（70 万元－45 万元）×45%＝11.25 万元

投资回收期：

近期投资回收期＝15.4 万元/（11.25 万元/年）＝1.37 年

中期投资回收期＝7 万元/（11.25 万元/年）＝0.62 年

本估算为粗略保守估算，随着游客的增加，带给农户的收入会越来越多，将远远超过预期的保守估计。

（2）社会效益

旅游业的发展将会解决村中剩余劳动力的就业问题，丰富和完善村庄功能，树立其优美的乡村形象，促进社会主义新农村的建设。同时，城市先进的观念也将随着游客的到来带入乡村，为松树口村村民开辟持久的精神富裕的源泉，对村庄的富足与稳定带来长久的利益。

（3）环境效益

按照规划实施，将会更积极地保护松树口村的原生态环境，保护历史感极强的村庄原貌。同时，合理开发和利用乡村旅游资源，有利于推进社会主义新农村的建设。生态及环境效益的潜在价值随着旅游与环境的良性互动，将会在为游客带来优美的环境体验的同时，能使世代居住的村民终身受益。

第五节　旅游营销及管理规划

一、旅游营销策略规划

自从旅游市场进入买方市场以后，以前那种“酒香不怕巷子深”的观念就已经被抛弃了，取而代之的是“以消费者的需求为中心”的新型营销理念。相对于开展农家乐旅游活动较早的上庄村和苟各庄村来说，松树口村目前尚名不见经传，需要设计有针对性的市场营销策略，尽快提高其知名度和美誉度。

松树口村能否根据自身的实际情况，采取有针对性的市场营销策略，尽快提高知名度和美誉度，直接决定了其旅游事业的未来发展。

1. 定价策略

相对于周边已开发村落而言，松树口村的乡村旅游产品属于新产品。新产品的定价策略主要有两个，一个是高价策略，即以高价进入市场；另一个是低价策略，即以低价进入市场。综合考虑，松树口村初期采取低价策略更适合一些。旨在先以优质低价的产品在来访游客群中迅速树立自己的知名度和美誉度，占据一定的市场份额后，再随着旅游开发工作的全面展开和整体接待水平的提高适当提高价位。此外，应实行灵活的差价策略。例如，根据旅游产品的档次高低分别制订高、中、低价，根据淡、旺、平季游客的多寡分别制订价格，针对回头客制订优惠价，针对学生和儿童制订特殊价等。

2. 促销策略

促销的精髓在于要“夸”不要“吹”，促销的诀窍在于“扬长避短”，促销的过程是由“推”（向外宣传推介）到“拉”（向内招徕客源）。具体到松树口村，可采取以下促销策略：

（1）广告方面

应该采取“借势宣传”的策略，即要善于借助野三坡尤其是百里峡已有的知名度来宣传自己，宣传的重点在于突出自己紧邻景区的地理优势和得天独厚的原生态自然风貌，从而突显自己独特的旅游接待地位和优越的旅游接待条件。如此，就可以达到“事半功倍，借势而上”的功效。

在广告媒体的选择方面，根据松树口村的实际情况，一是可以散发宣传单，成本较低，覆盖面较广，且能涵盖较多信息。二是可以借助附近的山体，通过喷涂醒目的标语和易于记忆的宣传口号，向过往游客传递一种视觉信息。三是可以在村庄附近的公路两旁设置形象鲜明的旅游标志，在宣传本村旅游形象的同时，为过往游客提供交通引导。四是充分利用网络，进行网上宣传。网络宣传覆盖面极广，传播速度极快，成本又极低，而且便于更新，加之该村游客主要来自百里峡游客分流，而这些游客又多来自周边城市，接触网络机会多、时间长。因此，网络宣传不但可以节省大量的宣传成本，更可以有效地接触到受众，富有针对性。五是通过当地的旅游纪念品进行宣传。在设计旅游纪念品的时候，不但在原材料选取和制作工艺上要体现当地特色，还应该在图形和文案的设计和编排上突出该村的旅游形象，从而达到经济效益和宣传效益双丰收的效果。

具体宣传口号设计为：

清凉度夏住农家，爱上松树口

松树口——我在乡下的家

（2）人员推销方面

人员推销主要是通过“口传”的方式进行。可从以下几个方面着手：一是和导游建立良好的合作关系，其中又以地陪和景点陪同为重点合作对象。二是充分发挥到野三坡景区，尤其是到百里峡景区内参与服务的本村村民的作用，比如抬滑竿人员，利用其同游客接触的机会，可对松树口村的接待服务进行宣传推介。三是充分利用好老顾客的口碑效应。一方面通过优质的接待服务赢得他们的认可，使其回到客源地以后能够主动、义务地帮本村进行宣传；另一方面，还可以通过适度的经济奖励或价格优惠对这种行为进行强化。

（3）销售促进方面

简而言之，销售促进就是“特殊时期，特殊价格”。比如，可在开发初期的一定时间段内，对接待价格进行折扣优惠或赠送代金券以吸引游客。也可结合当地民俗，开发各具特色的主题节日，届时举办相应的民俗活动，并推出一系列的优惠措施，如抽奖促销、免费赠送旅游纪念品或实物礼品等。

（4）公共关系方面

针对游客关心的焦点问题，如当地的社会治安、风土人情、膳宿设施特色等，结合一些特殊的事件如环村公路或其他重要村落接待设施建成典礼、乡村旅游周年庆典等，举办一系列推介活动，届时通过各种社会关系邀请各级领导、社会名人、新闻媒体、有代表性的游客光临，造出声势，渲染气氛，通过新闻效应达到公共宣传的目的。

3. 销售渠道策略

销售渠道有直接和间接之分，二者各有利弊，应该结合使用。目前松树口村应以间接销售渠道为主，辅之以直接销售渠道。所谓间接销售渠道即通过旅行社等中间销售商进行销售。首先要通过一定的调研工作，识别出那些组织和接待到野三坡，尤其是到百里峡景区旅游的游客人数最多的旅行社，然后采取多种方式与其建立长期且稳定的经济合作关系，争取将本村纳入其广告宣传和线路编排尤其是其指定接待单位之列。具体做法：在合作之前，可先邀请这些旅行社的主管人员到附近景区游览，并到松树口村试住，在增进双方感情的同时，使其产生对松树口村的感性认识，为日后的推介工作奠定基础；在合作之后，对那些为该村输送客源较多的旅行社及相关个人给予及时、定期的经济奖励，以长期维护双方的良好合作关系。所谓直接销售渠道即直接面向游客的销售。前面已经分析过，松树口村的客源多来自周边城市，自驾车旅游占相当比例，且多以家庭为单位或与亲朋好友结伴出游，这样的客源结构特点为松树口村采取直接销售渠道进行销售提供了良好的前提条件。尤其是网络的发展更是拉近了游客和旅游接待地的距离，简化了销售程序，所以通过网络进行直销应该成为松树口村未来销售的努力方向。

二、从业人员培训及旅游接待管理规划

1. 进行服务人员的培训

对旅游从业人员培训的目的是引导从业人员自觉抵制不良行为，树立遵纪守法、合法经营的观念，努力做到诚实守信、讲究信誉。同时村委会也要对接待礼仪、农家饭制作、卫生防疫、饮食安全、明码标价等方面提出制度和要求。

首先应制订从业人员的培训制度，加强安全意识培训、卫生知识培训、礼仪培训、职业道德培训，以提高从业人员的素质。可以采取“礼节礼貌”“客房服务”“餐饮服务”的理论知识及基本技能操作培训，可以采取由村委会请老师定期举办培训的形式，还可以组织从业人员到农家乐办得比较好的地区参观、学习。除此之外，旅游局也可联合物价、卫生防疫等部门，分期分批地对乡村旅游从业人员进行培训，使参训人员认识到只有增强素质、提高服务质量、突出特色，才能赢得信誉、赢得游客、赢得效益。

具体的可以从知识、业务等方面对旅游从业人员进行培训。

知识培训主要包括：了解野三坡、保定市以至河北省旅游的基本概况，能够用自己的语言向外地的游客介绍本地的基本情况，提高保护、宣传和开发利用当地人文资源的积极性，提高农家乐休闲旅游的文化品位。进行普通话训练，方便交流。普及旅游法律法规知识，如《食品卫生法》《消费者权益保护法》《农家乐经营服务规范》《导游人员管理条例》等。

业务培训包括：

①服务意识培训。旅游业是典型的服务行业，从业人员必须具备基本的服务意识。

诚信是一种信守承诺的责任感，是行为人对自己行为的后果承担责任的道德感。随着农家乐的迅速发展，很多地方为追求经济效益，服务过程中出现了短斤少两、欺诈哄骗、强行揽客、质次价高等坑害旅游消费者的现象，严重阻碍了农家乐旅游的进一步发展。因此，诚信是农家乐可持续发展的基石，从业人员必须树立诚信服务意识。

热情服务像一根链条，任何一个环节都十分重要，因此要将热情服务渗透于农家乐的方方面面。虽然山区的生活条件没有城市优越，但是应尽量完善服务设施，提供优质服务，如将客房整理得干净、舒适、温馨；每天提供

的饭菜花样多、味道鲜；主动地向游客介绍本地的风土人情、民俗典故、知名景点；山区天气变化时，及时提醒客人增减衣物；等等。这些服务尽可能从游客角度出发，把游客当作自己的亲人一样，让每位游客既花钱少，又消费得好，以服务人员的一言一行体现出以诚待客、以情留客的服务宗旨。

②业务技能培训。主要包括旅游咨询服务、客房服务、餐饮服务、导游服务。旅游咨询服务要求服务人员熟练掌握本地和旅游相关的吃、住、行、游、购、娱等具体情况，能够回答游客提出的各种问题，还能帮助游客设计旅游线路，提醒在当地旅游的相关注意事项；客房服务包括客房清洁工作和接待工作两大项，主要的环节有清扫客房、住客服务与送客服务；餐饮服务包括摆台、托盘、斟酒等具体的服务规范及对特殊情况的处理，如对年迈或年幼客人的接待、对客人投诉的处理等。

③礼仪培训。讲究礼仪是对客人的一种最基本的尊重，更能体现出工作人员优良的服务素质。礼仪培训主要包括仪容举止礼仪培训和日常交往礼仪培训。仪容举止是给客人留下的第一印象，包括服饰、仪表、言谈举止，最基本的要求是着装干净整洁、仪容端庄大方，与客人交流多使用礼貌用语，如"请、您好、谢谢、再见"等，注意生活中的细小举止，如站如松、坐如钟、步如风，还有一些日常与客人交往时应注意的事项，如交谈中运用的手势不宜过多、动作不宜过大、不能用手指指人等。日常交往中常见的礼仪如握手礼、鞠躬礼、介绍礼、奉茶礼，甚至接打电话、递接名片等细微礼仪都应有所了解和运用。通过礼仪培训，让服务人员在接待客人的过程中体现出一种彬彬有礼、庄重优雅的整体形象。

2. 加强旅游接待管理

农家乐旅游接待活动能够红火地开展起来，有力、有序、有效的旅游管理工作是关键和根本。关于加强旅游接待管理的工作，建议如下：

①以松树口村为单位建立农家乐旅游协会或农家乐股份合作社，制订农家乐旅游诚信服务公约，与各旅游经营户签订安全、卫生责任书，促进农户依法经营和诚信经营，强化农家乐规范管理和服务质量提升，为游客提供一个安全放心的旅游环境。

②在农家乐旅游发展的最初阶段，为保证稳定的接待秩序和各农户的利益，游客的接待工作可由农家乐旅游协会或农家乐股份合作社统一调配；当旅游接待工作逐渐完善以后，再逐步放开，由市场主导。

③为保证安全、有效的购物环境，农家乐旅游协会或农家乐股份合作社应对基本的旅游商品价格制订统一的最低价格标准，培养村民共同致富的意识，防止互相压价、恶性竞争。

④农家乐旅游协会或农家乐股份合作社应定期深入农家旅游接待户，对其餐饮质量、卫生环境、服务态度进行抽查，对不合格者责令限期整改。

⑤组织开展“星级农家乐”或“优秀农家乐”评比，进行挂牌公示，提高农民的竞争意识。

⑥适时举办各类竞赛，如农家饭烹饪大赛、导游大赛等，促进创新，提升水平。

三、未来旅游发展规划设想

松树口村狭小的土地面积拘囿了旅游接待的进一步发展。本期规划实施后，当地旅游接待将会有很大的提升。对该村进一步的发展设想是将村民居住区扩充，在发展原村居住区的基础上，在保野路北侧建设居民新村。新村、新民居建设应避免原村发展中存在的问题，依据旅游需求建设，使其具备良好的旅游接待功能。新村建设也应充分考虑到游客对乡土聚落的期盼和回归田园的心理诉求，营造真正的乡村、诗意的田园栖居，一定要避免模仿城市，避免制造“豪华垃圾”。

第五章　主题公园型乡村旅游扶贫规划：易县荆轲刺秦旅游

本规划为2006年邢慧斌主持的河北大学人文社会科学研究青年基金项目的成果之一，仅为学术性研究而并未实施。①

繁荣与没落、激荡与怨恨、和平与战争，在历史长河的绵绵流淌中都日趋遥远，很少再被钩沉。但总会有一种感动是透彻心底、经久不息的，是一个人精神家园的基石，是一个民族性格形成的根据。经历了5 000年的风雨洗礼，不管身处世界何方，每一个华人心中迄今仍有这么一种感动，汩汩流过的易水边那素衣白袍的送行者，瑟瑟风中响起的徵羽交替的击筑声，还有那渐逝渐远“风萧萧兮易水寒，壮士一去兮不复还”的歌声。荆轲，成为燕赵文化最集中和最典型的体现。千百年来，文人墨客通过吟诗作对、著书立说来歌颂他；帝王将相通过建寺筑塔、封神拜地来祭奠他；平民百姓通过庙会、戏剧等方式来缅怀他，因此留给了后人成语、建筑、文学、音乐、雕刻、武术等众多的物质财富以及勇敢、忠孝、爱国、仁义、智慧等丰富的精神遗产。然而这些民族的瑰宝长期以来一直没有得到足够的重视，其所蕴含的深刻的现实意义并没有得到深入的挖掘。本规划正是基于对荆轲刺秦相关物质与非物质旅游资源的长时间调查、分析，针对保定易县旅游发展的实际，整体规划和设计了“荆轲刺秦”的专项旅游产品，结合新时期的特点，继承和发扬燕赵文化，并以此为契机，探索保定乃至中国旅游发展的新模式，以实现旅游业经济、文化、社会、环境的综合效益。

---

① 本规划于2006年完成。本书中本章的数据资料等仍以规划编制时的情况为准。

第一节　“荆轲刺秦”专题游开发的必要性与可行性分析

一、有利于继承与发扬传统文化

我国旅游业肇始于20世纪70年代末期，经历了由接待型向市场型的转变，近40年的发展，无论国际旅游、国内旅游，还是游客规模、景点数量均已取得了巨大的成功。然而旅游业本质上作为一个文化产业，没有传统文化的深层滋养难以取得持久的发展，这已在国内外很多地方的成功经验和失败教训中一次次得到了验证。如凭借皇室文化、博物馆文化而发展起来的英国旅游业，立足少数民族传统文化而壮大的云南旅游业；忽视地域文化而日渐衰落的周庄旅游业，以及仅考虑短期效应致使前景堪忧的某些非洲国家的旅游业。当前游客对景点建设、旅游服务的需求已经由单纯的感观刺激上升为更为丰富的精神享受，要通过旅游活动了解历史、追忆文明，可见文化内涵丰富程度如何已经越来越成为旅游业能否实现可持续发展的重要的衡量标准。作为一个有着悠久历史的文明古国，中国旅游对文化的挖掘有着得天独厚的优势。但笔者在河北、河南、山东等传统文化大省的实地调查中却发现，文化开发问题已经成为制约这些地方旅游吸引力增强的瓶颈。依托在人们心中影响较深的荆轲刺秦的故事，开展系列的专题旅游活动，必将在社会上产生较大的反响。以此为契机，人们将重新审视古老文化对现代旅游以及其他产业的现实意义，形成尊重文化、继承传统、学习知识、推动进步的良好的社会氛围，进而让优秀的文化焕发新的生命力，成为构建和谐社会、实现科学发展的重要促进力量。

二、保定旅游业发展的内在要求

保定地处河北省东北部，毗邻京津，交通便利，区位条件优越，且拥有清西陵、满城汉墓、狼牙山、总督署、地道战遗址、白洋淀、古莲花池、淮军公所遗址、荆轲塔等一批在国内外有较大影响的旅游资源。然而，保定旅游业整体特色不突出，旅游精品较少，市场形象不鲜明，缺乏旅游亮点。因此，保定旅游业一直没有较大突破性的进展。荆轲刺秦中最感人的易水诀别发生地在保定，当地至今留有荆轲塔、荆轲衣冠冢、燕子丹塔、镇灵塔等极为丰富的相关资源，借开发"荆轲刺秦"专题旅游之际，整合其他旅游资源，完善旅游配套设施，加大宣传影响力度，以其为亮点，可带动保定整体旅游业的发展。

三、宣传、继承、发扬燕赵文化的现实要求

燕赵文化是我国传统文化中最根本、最主流的文化因子，其所蕴含的忠、仁、义、诚、信、善、勇等优秀品质深刻影响了中华民族性格的形成。在河北这块孕育了悠久文明的土地上，多少志士仁人奋勇向前，忠君爱国，救民于水火，用生命和鲜血一次次演绎着"燕赵自古多慷慨悲歌之士"的豪迈和壮美。荆轲，集燕赵文化精粹于一身，已经成为一种符号、一种声音，谱写着每一个人心中对燕赵文化的归属和对理想家园的渴望。当前我国正处于社会转型期，各种矛盾不断涌现，人们在忙于紧张的工作和复杂关系的处理时，渐渐淡忘了生的意义、行的准则；在各种压力不断加大和心灵承受着太多负重的情况下，逐渐丧失了活的坚毅、存的自己；在环境不确定性不断加大而改变自身的力量又相对减小的背景中，不经意间却发现创造能力的缺失和责任与使命的模糊。"荆轲刺秦"专题旅游的开发必然使人们从中汲取传统文化的营养，洗涤心灵之后，恢复那勇担责任、果敢创新、仁爱忠孝的风貌，复兴中华文明，进而推动社会主义建设事业的发展。

四、"荆轲刺秦"专题游的可行性分析

1. 有广泛的群众基础

荆轲刺秦的故事可谓妇孺皆知，荆轲作为一种精神和象征，可以说已经同中华民族融为一体。"士为知己者死""好读书击剑"的热血男儿荆轲，在萧萧易水边和着悲凉、激昂的击筑声，唱着"风萧萧兮易水寒，壮士一去兮不复还"的场景在每一个中华儿女心中留下了难以磨灭的印记。可见"荆轲刺秦"专题旅游具有广泛的群众基础，只要项目设计合理，营销宣传到位，必然能吸引大量的海内外游客。当前，全世界掀起"中华文明热"，乘着这个东风，可以预测该专题游将会吸引越来越多的游客。

2. 资源丰富

自春秋战国至今，人们以碑刻、诗歌、音乐、祭奠、传说、影视等各种方式纪念这位反暴济弱的英雄，如悲歌易水、白虹贯日、燕市悲歌、图穷匕见等相关成语；山东嘉祥之荆轲刺秦王画像石；易县荆轲山村、荆轲塔；陕西之荆轲刺秦王之汉墓石刻；《史记·刺客列传》；陶渊明、柳宗元和苏东坡各作之《咏荆轲》；《英雄》《荆轲刺秦王》《秦殇》等文学影视作品。同时与之相关的旅游资源更为丰富，如易县的纪念燕子丹的燕子塔，纪念樊於期的镇灵塔以及黑塔和白塔，至今保存较好；考古学家、文字专家对荆轲相关文献存在较大的争议；近几年雨后春笋出现的与荆轲相关的影视卡通作品；燕国古乐文化、餐饮文化、服饰文化以及民俗传统、战国兵器；等等。这些都为“荆轲刺秦”专题旅游的策划、开发提供了极为丰富的素材。

3. 开发条件适宜

保定历史悠久，区位条件优越，交通便利，投资环境良好，有 30 多年的旅游发展历史，是国务院第一批历史文化名城、对外开放城市以及中国优秀旅游城市。同时地处燕赵文化的腹地，保定无论从城市面貌、形象定位、环境建设，还是从言谈举止，都体现着深厚的燕赵文化底蕴。荆轲刺秦最感人的易水诀别发生地以及荆轲生前住地是在保定，并且保定人对荆轲的故事都耳熟能详，视荆轲为当地的骄傲，因此，保定具有开发“荆轲刺秦”专题游的最适宜的文化氛围和最良好的开发条件。同时，保定旅游项目的开发可以在旅游旺季时分流京、津的濒于饱和的游客，进而在京津冀旅游圈中起到调温器的作用。

第二节 “荆轲刺秦”专题游相关资源调查及评价

一、资源概述

自春秋战国以来，人们通过各种方式来表达对荆轲的惋惜、敬佩、歌颂、质疑和批评，同时对燕太子丹、樊於期、嬴政、高渐离、田光等人也从不同角度给予了评价，这为“荆轲刺秦”专题旅游开发提供了丰富的旅游资源。

具体而言包括：

1. 物质类旅游资源

即能够给游客以直接感官刺激的可观、可听、可闻、可触的旅游资源。

①以荆轲塔、燕子塔、画像石、荆轲山村、汉墓石刻为代表的文物类。

②以陶渊明、柳宗元、苏东坡、骆宾王、秋瑾等作的有关荆轲的诗文以及《史记·刺客列传》《战国策》等作品为代表的文学艺术类。

③以怒发冲冠、悲歌易水、白虹贯日、燕市悲歌、图穷匕见等为主的成语类。

④以秦国青铜长剑、燕国短剑以及徐夫人匕首为主的兵器类。

⑤以“筑”为主的乐器类和“变徵之声”“慷慨羽声”为主的古乐类。

⑥以素衣白袍、挂钩佩玉、连属深衣、上层宽博、下层窄小为特点的春秋战国服饰类。

⑦以《英雄》《荆轲刺秦王》《秦殇》《秦始皇》等为主的影视作品类。

⑧以督亢地图、燕赵地图为代表的地志、地图类。

⑨燕赵餐饮、春秋战国礼仪等其他类资源。

2. 非物质类旅游资源

即与荆轲相关的精神、传说、品质、传统、观念等给游客以深层精神体验的旅游资源。

①以慷慨壮烈、视死如归、忠孝仁义为特征的易水精神类。

②以流传于民间的荆轲与赵女、荆轲追求仕途、荆轲拜师学艺、荆轲酒歌于燕国等为素材的传说类。

③以替天行道、救民于水火、勇谋兼备、尚武博爱且儒雅风趣为表现的武侠文化类。

④以忠君爱国、顾全大局、不计私利、大义当先、恪守本分为特点的爱国主义类。

二、资源特征

1. 时代性强

《2004—2010 年全国红色旅游发展规划纲要》中提出，在全国范围内大力发展红色旅游，其主要目的是在新时期加强爱国主义教育。荆轲爱国爱民、舍生取义、集体在先的优秀品质在当前具有重要的现实开发意义。而且，作为新兴的一种旅游发展模式，专题旅游这种喜闻乐见的方式易于被接受，游客在旅游过程中轻松愉快、心情舒畅，从心理学角度讲，他们会潜移默化地受到荆轲文化氛围的影响，这无疑会推动爱国主义教育的实施。稳健、内敛的中华文化在当前正在经历着前所未有的以冒险、刺激为特征的西方文化的剧烈冲击。荆轲文化在中华文化的演进中地位极为特殊，其内涵集中体现了中华文化的精髓。尚武的背后是忧国忧民的情节，勇敢的力量来自于信守承诺的坚毅，创新的源泉是仁爱博大的胸怀。它是沟通古老传统和现代文明的桥梁，它是东方文化与西方文化交流的平台，它是中华文明在新时期焕发生命力的引擎，它是当代人铭记历史、继承文化、发扬传统的行之有效的途径。

2. 资源丰富

荆轲刺秦旅游资源存在领域极为广泛，涉及考古、遗址、诗文、军事、音乐、雕刻、地志、政治、成语、影视、武术、管理、道德、餐饮、服饰等，而且在我国其他省市，乃至海外也存有诸多相关资源，如能依托易县这一荆轲文化发祥地的优势，通过多种方式整合其他相关的旅游资源，“荆轲刺秦”专题旅游开发的旅游资源空间将更为广阔。

3. 等级较高

荆轲刺秦旅游资源所反应的是春秋战国时期诸国的政治、经济、军事、文化的面貌，历史较为久远，从科学考察的角度分析，它比一般的旅游资源价值更高；在所发掘的荆轲刺秦旅游资源中，非物质的纯文化的部分占了很大的比重，而且物质类旅游资源从本质上讲，在很大程度上也是有赖于精神、文化等的有力支持才能具有较强且持久的吸引力。因此，从资源构成上来讲，荆轲刺秦旅游资源文化内涵更为丰富，开发潜力较大。

4. 影响较广

由于荆轲刺秦故事与民族精神天然契合，自古以来，一直在人们心中占据着重要的位置，深刻影响着他们的言谈举止、为人处事。近年来，各种文学以及影视作品对荆轲题材的关注也与日俱增，出现了一大批讴歌荆轲、赞扬荆轲的优秀作品，有些已经在世界舞台上获得了较高的声誉，这又进一步扩大了荆轲刺秦故事在更为广泛的意义层面上的影响。

第三节　“荆轲刺秦”专题游市场分析与评价

“荆轲刺秦”专题旅游的受众规模较大，经过适当的项目策划、线路安排、营销宣传，具有较大的市场增长潜力。本部分在对该专题游的机遇、挑战、优势、劣势评价分析的基础上，试图从年龄、地域、职业等方面确定目标市场，同时还规划了市场开发的时序以及预测了“荆轲刺秦”专题游的发展趋势。

一、市场概述

1. 机遇和挑战

（1）易县县域层面

清西陵、狼牙山游客素质较高，注重深层的文化体验，“荆轲刺秦”专题游同属文化旅游，也必然会引起他们的兴趣。易县正在努力打造文化大县，因此荆轲刺秦游会在政策和资金方面获得大力支持。其实2003年易县县委九届二次全会已经提出了“建设生态文化旅游强县，打造京津后花园”的总体要求，并且把荆轲刺秦游的开发作为其工作的重中之重，拨了专款对圣塔院寺遗址和荆轲塔进行了规划、修缮。然而在易县，荆轲刺秦游旅游资源与其他资源属性的较大相似性会加剧易县内部旅游业的竞争，因此在县域层面该专题存在较大的潜在挑战。

（2）京津冀旅游圈层面

在社会各界人士的关注下，近几年京津冀旅游圈发展迅速，这给保定提供了前所未有的发展契机。乘着这股强劲东风，荆轲刺秦游扩大社会影响、获取综合效益应是指日可待的事情。凭借北京、天津作为两大重要旅游热点目的地的扩散效应，荆轲刺秦游的游客数量将会增长迅速，游客结构会更趋多元化，形象熟知程度将进一步深化。然而，与此同时京津冀作为成熟的旅游目的地对周边地区包括保定易县旅游业的极化作用、阴影效应也不能忽视。

（3）中国旅游业层面

世界旅游组织顾问罗伯特·克雷威顿和世界旅游组织统计部主任恩佐·

帕奇共同发表的报告提到："到 2020 年，中国将成为世界第 1 位旅游接待大国和第 4 位客源输出国。"而且国际旅游组织调查显示，游山玩水旅游将被多样化的专题旅游所代替。由此可知，未来几年中国的专题旅游发展前景极为乐观，潜力巨大。这为能集中体现和深刻反映中华文化的"荆轲刺秦"专题游提供了良好的发展机遇。"风融融兮易水暖，易州儿女谱新篇"，易县人民伴着千古绝唱，大力弘扬开拓进取、尊贤重义精神，以饱满的热情不断深化荆轲刺秦游的开发，借此提升易县、保定乃至京津冀旅游发展水平，带动全国专题旅游开发，为中国旅游业发展开创新局面。2006 年之后，根据我国与世贸组织达成的协议，旅游业将全面向外方开放。外资以不同方式的注入在为荆轲刺秦游带来先进管理经验和开发技术的同时，相应地也必然会带来一定的威胁和挑战，新问题将会层出不穷，来自各方的摩擦也会增加。

2. 优势和劣势

（1）资源方面

荆轲刺秦游资源数量大、等级高、影响广、代表性强、集中度高，因此吸引力较强；资源关联性大的特点为该专题游开发产业链的延伸提供了可能，有助于形成良性的开发循环，推进其后续发展；荆轲刺秦资源涵盖范围极为广泛，自然型、人文型、民俗型、人造型等种类齐全，且艺术风格差异度较大、互补性较强，能够为各类游客提供适合的旅游产品。然而周边的清西陵、北京故宫、八达岭长城、狼牙山、野三坡等景点开发均较早，形象也已经为社会广泛认可，在国内外市场上知名度和美誉度较高，具有较大的先发优势。

（2）环境方面

易县在保定，乃至在京津冀旅游圈范围中，旅游发展早，产业较发达，相关配套设施基本健全，当地居民对旅游业极为支持，这为荆轲刺秦游的发展提供了良好的社会环境；近几年易县人民大力弘扬"艰苦奋斗、开拓创新、尊贤重义、敢于争先"的易县精神，在全面小康社会、社会主义新农村和和谐社会的构建中成绩显著，这为荆轲刺秦游的发展提供了良好的经济环境；在致富奔小康的道路上，易县人民并没有忽视精神文明建设，诚信互利、尊老爱幼、仁义尚武、勇敢果断，这些优秀品质在易县这块滋养了古老文明的土地上继续发扬，时至今日，慷慨豪迈的传统文化之风仍然较为浓厚，这为荆轲刺秦游的发展提供了良好的文化氛围。然而，当地经济相对落后，旅游开发基础设施不完善，这必然制约荆轲刺秦游的良性发展。

（3）条件方面

地处京津冀心脏地带，区位条件优越，交通便捷，教育水平较高，管理和其他专业人才充裕，国际交往频繁，流动资金密集，这些为“荆轲刺秦”专题游提供了良好的开发和投资条件。然而，相对周边地区而言，易县整体上经济发展水平较低，产业体系不完整，产业链有限，这在某种程度上构成了制约易县旅游业发展的桎梏。

二、市场细分

1. 以年龄为标准

“荆轲刺秦”专题游涉及各种类型的旅游资源，具备开发多种多样旅游项目和产品的潜力，能够满足不同年龄段游客的不同旅游需求。

青少年市场规模不断扩大，日益受到业内重视。追求个性、好动求险、叛逆尚武的青年人能从荆轲身上看到自己的影子，能够在心灵上产生共鸣，因此他们对该专题游怀有很浓厚的兴趣和好感。经过适宜、合理的开发，荆轲刺秦游极有可能成为青年人旅游的首选和日常谈话的重要话题，最终形成青年人趋之若鹜、纷至沓来的盛况。

工作压力日益加大的中年人的旅游动机最为强烈，较高的素质、丰富的体悟又使其不甘于满足旅游资源的外在物质刺激，而更多地追求深层次精神体验和人生的意义，重情重义、仁爱无私、诚实守诺、勇担责任，已成为当今中年人心中的理想人格和完美境界。“荆轲刺秦”专题游使他们从来没有过地更接近心灵的圣地、梦中的家园。萦绕心头、挥之不去而又在无奈的现实面前只能深埋于心底的真实暂时得以挣脱束缚，即使旅游归来，那份清楚的感动也会使这些中年人在工作中更加热情饱满，在生活中更加懂得珍惜，在事业上更加积极进取。

随着我国和世界上很多国家逐渐步入老龄社会，“银发市场”日益成为旅游业关注的焦点。荆轲宽厚豁达、仁孝忠君、知恩图报的品质正是当前老年人对其儿孙希望的寄托，也是对自己忙碌一生而忽视亲情的感慨。此外，荆轲作为一个侠义之士，其所崇尚并身体力行的淡泊名利、放纵山林、隐忍宽容、谦虚持重，也是老年人的生活理想和最终归宿。阅历丰富的老年人一生的感悟和从“荆轲刺秦”专题游所得到的体验产生共鸣，同时也增加了一种不平凡的经历。

2. 以地域为标准

根据斯图尔特和克郎篷所提出的引力模型理论，游客数量与客源地、目的地之间的空间距离成反比。因此，可以根据地域把“荆轲刺秦”专题游客源市场通过同心圆形式确定为“一心两翼”模式。

一心：无论从现有客源规模，还是潜在客源市场来看；无论从该京津冀内部直接客源，还是来此游玩或从事其他活动的间接客源来看，京津冀市场对于“荆轲刺秦”专题旅游成功与否意义重大，其所拥有的各类人员应是“荆轲刺秦”专题游的中心客源。

两翼：荆轲刺秦对于我国其他省市尤其是京津冀周边，如山东、山西、陕西、河南等燕赵文化认同感较强的地区的游客，同样具有较大吸引力。基于荆轲刺秦故事广泛的社会基础，以及随着我国旅游业日益步入世界市场、海外市场的开拓，“荆轲刺秦”专题游成为开发者工作的重点之一。

3. 以职业为标准

荆轲刺秦游作为一项特殊的专题旅游活动，其深刻的文化内涵并不是所有人都能深刻理解和领悟的，所以对于不同人来讲，其吸引力也存在较大差异。从职业角度来看，应把市场重点放在初中至大学的学生、教师及公司白领、各界学者、军人等受教育程度较高且对文化需求更为强烈的游客。但与此同时，荆轲刺秦故事毕竟流传广泛，即使某些游客由于各方面的原因不能深入理解其精神内涵，但也会对其怀有浓厚兴趣，所以这部分有很大规模的游客也要给予重视，要加大调查分析力度，进而识别其对荆轲刺秦旅游产品的特殊需求，同时注意培育相关市场。

三、开发时序

1. 近期

形象树立期（2007 年 1 月至 2008 年 6 月）。这个时期是本项目的初创期，工作重点是在详细资源统计、分析、评价以及准确市场细分、定位的基础上，设计适宜的项目精品和经典线路，完善配套设施和兴建旅游设施，通过立体化的宣传、营销，在京津冀和部分周边省市树立较为稳定的市场形象，使该项目运行步入正轨。

2. 中期

形象成熟期（2008 年 7 月至 2009 年 6 月）。这个时期是本项目的快速成长期，工作重点是在京津冀已经形成的良好品牌的基础上，充分利用北京2008年奥运会的契机，根据各国代表团的需求特征，采取多种方式加大项目创新和组合力度，加紧市场宣传与营销，在巩固原有成果基础上，不断开拓国际旅游市场，扩大“荆轲刺秦”专题游在海外的影响。

3. 远期

形象提升期（2009年7月至2010年12月）。这个时期是本项目的成熟和深化期，工作重点是总结以往的成功经验和汲取失败的教训，巩固成果，谋求更大发展。通过整合周边旅游资源和旅游企事业，组建“荆轲刺秦文化发展集团”，以继承和发扬中华文化为宗旨，以旅游业为依托，通过纵向一体化、横向一体化、同心多元化、混合多元化，进一步拓展经营领域，深入挖掘产品开发潜力，延长文化产业链，从而加快“荆轲刺秦文化发展集团”市场化、国际化的进程，在时机和条件成熟的时候，谋求在国内外股票市场上市。

四、市场预测

1. 市场结构多元化将更加明显

根据旅游市场环境的不断变化以及游客个性需求的不断增加，在开发的不同阶段，荆轲刺秦的客源市场会经历一个由单一到复杂、由小范围到大范围、由面向高端群体到面向大众普及、由国内到国际的转变，每一时期不断有潜在的市场成为现实的市场，同时有产生更多的机会市场的可能。因此，未来“荆轲刺秦”专题游目标市场结构会日益多元化。

2. 发展前景更加美好

随着人们物质条件的不断改善，精神层次的需要不断增加，其中文化需要增长的速度最快。而且，当前上至中央、下至地方政府都对文化产业给予了更多的重视和支持，可见“荆轲刺秦”专题游未来发展具有良好的政治环境。毗邻京津，每年大型国内外节庆和会议在京津的召开进一步加快了该专题游市场的发展。如果策划得力，“荆轲刺秦”专题游产业每年保持7.5%的增长速度应该是可行的。游客规模也不断壮大，至2008年6月，预计参与该专题的游客能达到25万人次；至2009年6月，能增加至30万人次；至2010年底，游客规模基本维持在40万人次左右。如果2010年之前能够顺利组建“荆轲刺秦文化发展集团”，市场形象能进一步提升的话，估计2015年游客规模能突破 50 万人次。

3. 市场整合力度不断加强

“荆轲刺秦”专题游不断发展的过程也是其市场整合力度不断增强的过程，由 2006 年易县相关旅游资源的协作为起始，到 2007 年保定相关资源、企事业的大整合；从 2008 年京津冀旅游圈市场的合作，到 2009 年联合全国相关资源和实体组建集团公司，直至 2010 年的巩固、提高，每一次荆轲刺秦游的大发展都得益于其一体化和多元化的逐步深入。因此开发者从该专题运作开始就应加强市场整合的研究和实践，以便为以后的发展壮大创造良好的基础条件。

第四节　“荆轲刺秦”专题游项目及线路设计

“荆轲刺秦”专题游相关资源极为丰富，涉及领域广泛，在项目设计和线路安排中要以荆轲塔、圣塔院寺附近约 1 000 亩面积为中心，尽可能充分整合相关资源，而且要结合和组织得自然、协调，不能过分生硬、简单拼凑。与此同时，也要注意尽最大可能地增加游客的参与程度以丰富其旅游体验，展示荆轲的优秀品质，继承和发扬燕赵传统文化。

一、设计原则

1. 充分挖掘文化内涵

鲜明的主题文化是“荆轲刺秦”专题游开发成功的重要保证，也是其吸引力持续增长的动力之源。该专题游拟在原荆轲塔、燕子塔、镇灵塔、圣塔院寺遗址等旅游资源的基础上，在荆轲塔附近 1 000 亩的范围内修建荆轲影视卡通城、荆轲文化博物馆、荆轲武术馆等景点以及修缮圣塔院寺（为“荆轲刺秦”专题游主景区）。原有的景点和新建的景点中的建筑风格、街道样式、从业人员服饰、从业人员言谈举止以及进入景（区）点的游客的服饰都要与春秋战国时期的一致。在这里导游成了燕国的市民，常见的导游词成了市民之间的谈话内容，游客成了初来乍到的外地客人。游客需要问路，可能遇到“突发事件”，而且“突发”的事件会导致要去完成与荆轲刺秦相关的某个任务，可能是寻找徐夫人匕首、游说樊於期等。考虑到燕子塔、燕下都遗址、镇灵塔、战国城等相对主景区较远，可通过游客去以上地方寻找某件对于完成任务必需的物品的方式来整合。主景区中客栈、戏楼、茶馆、当铺、商铺、药店、兵器坊、官衙以及婚丧嫁娶、庙会集市、吟诗作对等完全模仿古燕国的真实情况。游客的行走路线以要完成的任务为主导，辅之以“古地图”、询问沿途“燕人”。游客通过参与该专题游，在感慨荆轲的豪迈情怀的同时，也能完整、真实地感受燕赵文化。

2. 整合相关资源

充分展示与荆轲相关的旅游资源，对于游客领悟荆轲刺秦故事背后的荆轲精神至关重要。需整合的资源涉及武术、音乐、建筑、服饰、传说，必须创新开发思路，在更广阔的范围内去寻找和建立各类资源之间联系的纽带。网络游戏为我们所用。在开发者精心组织之下游客按照某个特定的路线去体验，为了完成“突发事件”带来的任务，他们可能要去荆轲古乐厅听遥远的击筑声，要去荆轲兵器厅参观春秋战国时期的古代兵器，要去文学厅去了解历代文人对荆轲刺秦的评价，要去燕子塔寻找督亢地图，为救好友要去狼牙山“寻找”千年人参，要去清西陵去寻能够“通灵”的钱币。这些空间的转移和时代的变化可以通过“月光宝盒”或“时代之匙”来实现，以使“荆轲刺秦”专题游整个游程流畅、自然、协调、紧凑。

3. 注重游客的深度参与

评价游客体验丰富程度的最重要的标准就是项目、线路的参与性如何。游客自真正开始“荆轲刺秦”专题游，会得到一个号牌和一件燕国的服饰，需要兑换一定数量的古代燕国的货币。进入主景区后，会因为某个“突发事件”而要去完成某项与荆轲刺秦相关的任务。在这个过程中游客需要购买必要的物品，需要去各个景点，需要参与一些节庆和民俗活动。在燕赵文化环境下，情节环环相扣，最后游客通过自己的努力（事先安排）完成使命，得到纪念性的奖励，这样尽可能地满足了游客自我实现的旅游需要。

4. 提高产业化程度

产业化程度如何决定着专题旅游能否获得较好的经济效益和能否实现良性运营。游客开始旅游活动之前，必须兑换一定数量（旅游结束后可以换回人民币）的特制的“燕国货币”（类似信用卡的功能，刺激消费），在旅游途中的一切花费均需以此来支付。游客会看到沿街叫卖的商贩、知古断今的算命先生、四海为家的江湖艺人、流浪乞讨的叫花子，结合周边必要的旅游设施，如客栈、商铺、酒馆、戏楼等，游客会融入情境中，会很自然地去消费。任务完成后，由“皇亲国戚”颁发精美的纪念品以表彰游客为燕国所做的重大贡献。游程结束后，在出口处设有古代农村的传统集市，身着古装的从业者集中销售游客旅游途中所接触过的相关物品以及其他与荆轲刺秦相关的商品。

随着“荆轲刺秦”专题旅游的不断发展，其产业链将逐渐延伸，旅游产品将更为丰富，最终实现经济、社会、文化、环境等综合效益的协调发展。

二、项目设计

鉴于“荆轲刺秦”专题旅游资源数量大、分布广、可识性低的特点，拟在荆轲塔附近约 1 000 亩的主景区内重点建设荆轲影视卡通城、荆轲文化博物馆、圣塔院寺、荆轲武术馆、田园风光园等景点，以完整展示荆轲刺秦的相关旅游资源。在整个主景区中进行燕赵文化的环境建设，以营造浓厚的古文化氛围。另外，通过巧妙安排、精心组织以整合周边的燕子塔景区、燕下都遗址景区、战国城景区、清西陵景区、狼牙山景区，突出主题，增强吸引力。

1. 圣塔院寺修复工程

旅游主题：志士归松海，侠骨葬青蒿。

依托资源：圣塔院寺碑刻、荆轲塔等遗迹，以及荆轲塔天宫中所藏的《大般涅槃经》和一部残缺的《地藏经》。

项目选址：荆轲山上。

背景介绍：荆轲塔又名圣塔院寺，又名招魂塔，坐落于荆轲衣冠冢上，原是圣塔院寺内之建筑。塔高 265 米，八角十三层，砖石结构。圣塔院寺始建于辽乾统三年（1103 年），后寺、塔俱毁。明万历六年（1578 年）重建，清代又加修葺。圣塔院寺的围墙、钟楼、大殿等建筑一直保存到抗日战争时期，现仅存荆轲塔及清代《重修圣塔院记》石碑，其他毁于战火。荆轲塔在改革开放后被列为省级重点文物保护单位。

开发内容：该工程是“荆轲刺秦”专题游的核心资源，也是依托迄今保存较为完整的旅游文物的重要旅游项目。工程主要是在现有遗迹和文物的基础上，参考古书的记载，在遗址上修复圣塔院寺，再现其当时香火鼎盛的场景。其功能主要以祭祀、缅怀、追忆为主，辅之以礼神、燃香、祈福等。其整体风格庄严、肃穆，外墙面以灰色、红色为主色调。后院为荆轲宗祠，列有荆姓历代牌位，大门柱祠堂联为“瞻仰先人之英灵共缅祖德，励志后世之豪情敬献心香”。香案上摆放着功劳簿、供香、香炉。左侧墙上悬挂着荆姓族谱图，图两边分别为“源远流长繁荣盛昌”和“尚其歆格永锡鸿禧”的对联；右侧墙上记载着在世和仙逝的荆姓人士的姓名以及事迹，事迹榜两边分别为“赫赫吾祖肇始四方”和“英贤辈出跨越时空”的对联。

投资收益：各个殿阁建筑共需352万元，内部环境营造需要80万元，共计432万元，工程分三期完成；按预期计算，正常运营后每年可收入550万元，2007年收入按照40%计算为220万元，2008年按照70%计算为385万元。

2. 荆轲影视卡通城

旅游主题：内心存仁义，悲歌励后人。

依托资源：《荆轲刺秦王》《英雄》《秦殇》《秦始皇》等影视作品；皇名月、郑问各作之《荆轲刺秦》漫画作品；戴敦邦所作之《秦始皇》连环画。

项目选址：荆轲山脚下东北部，距易满公路0.5公里。

背景介绍：近年来雨后春笋般地出现了很多有关荆轲的影视、卡通、漫画作品，有些在国内外产生了很大轰动，人们普遍对作品中的人物、情节（有些为虚构）、演员都耳熟能详。

开发内容：作为“荆轲刺秦”专题旅游主景区的第一站，该景点利用影视作品的广泛社会基础，拉近人们与荆轲的距离，逐渐把游客带入那个烽火连天、豪杰并起的春秋战国时代。进入影视卡通城，游客首先经过一条由有关荆轲的电影、电视、卡通、漫画的剧照和海报构成的长廊，排列由今到古，逐步推进。进入景点，设施、项目由三部分组成。前面以卡通人物与游客互动为主（借鉴迪士尼的模式），中间设施以影视、卡通等经典情节回放、重温为主，后面场所以游客扮演喜欢的角色为主。

投资收益：影视卡通长廊建设需要2万元，卡通互动环节需要10万元，经典回顾以及游客扮演的项目需要8万元，共计20万元；按预期计算，正常运营后每年可收入96万元，2007年收入按照50%计算为48万元，2008年收入按照80%计算为76.8万元。

3. 荆轲文化博物馆

旅游主题：且看壮士胆，千载义名高。

依托资源：历代文人墨客评价荆轲的诗文；荆轲刺秦相关的地图、兵器、雕刻等。

项目选址：荆轲山脚下，偏北与影视卡通城相邻。

背景介绍：我国至今流传着众多有关荆轲的文学、音乐、雕刻、地图、兵器等文物遗产，从不同角度向人们展示着荆轲的精神和表达着人们对荆轲所寄托的哀思。

开发内容：荆轲文化博物馆坐西朝东，呈半包围状，内设6厅，中间为“易水诀别”大型石雕，左面分别是雕刻展厅、兵器展厅以及古乐厅，右面分别为文学展厅、古地图展厅以及学术报告厅。其中，古乐厅和学术报告厅因为可能对周边环境造成声音上的影响和压力，所以相对独立，隔音效果也较好。每个厅的过渡走廊用怒发冲冠、悲歌易水、白虹贯日、燕市悲歌、图穷匕见等源于荆轲刺秦故事的成语组画或组像相连。整个博物馆配以音量较小的《易水歌》的背景音乐。

投资收益：“易水诀别”大型石雕需33万元，雕刻展厅需32万元，兵器展厅需38万元，古乐厅需24万元，文学厅需25万元，古地图展厅需21万元，学术报告厅需33万元，共计206万元，工程分三期建成。

按照预期计算，正常运营后，每年可收入660万元，2007年收入按照60％计算为396万元，2008年收入按照80％计算为528万元。

4. 荆轲武术馆

旅游主题：豪情铸武魂，悲歌彻燕郊。

依托资源：勇敢、尚武、仗义的荆轲侠士品质以及中国传统武术精华。

项目选址：荆轲山脚下偏南区域。

背景简介：作为一名刺客，有关荆轲的武术套路和武术秘籍也是一类有很大市场开发潜力的旅游资源。

开发内容：本馆坐南朝北，主体建筑为荆轲堂和聚义堂，分别位于南、北中轴线上，前后递进，附属建筑分列左右，对称严谨。荆轲堂前院两侧墙上为荆轲日常练武、比武（史书有记载）以及有关刺秦的浮雕，院中规则排列有据可查的有关荆轲刺秦文字的碑刻。荆轲堂正中为铜制荆轲像，左、右分别为樊於期和高渐离像，像前放置香案，后为田光像。穿过荆轲堂，就进入了操练场，两侧整齐排列着各式各样的兵器，左、右为学徒和教练的休息室。踩着松软的砂土再往里走，就到了聚义堂，为3间套房，大厅较为宽阔，设施较陈旧，正中放置一把极为讲究的桃木仿古座椅，两边为4排能坐28人左右的长凳。正对的墙上左、右分别悬挂易水诀别图和抛匕刺秦图。侧面的墙上悬挂“仁”“义”“勇”“忠”等字幅。

投资收益：整体建筑预期需15万元，内部环境建设需5万元，浮雕、字画以及兵器等购置需6万元，总计26万元。工程分两期建设完成。按照预期计算，该馆正常运营后，年收入为46万元，2007年收入按照40%计算为18.4万元，2008年收入按照65%计算为29.9万元，2009年按照85%计算为39.1万元。

5. 田园风光园

旅游主题：昔时人已没，山水有余情。

依托资源：结合农业旅游资源和相关项目。

项目选址：荆轲武术馆与易满公路之间，距离易满公路0.5公里。

背景介绍：当前自然回归型的旅游项目越来越受到游客的青睐，而“荆轲刺秦”专题游景点多处在农业生产发达、农民生活富裕的地域。

开发内容：除了建几个仿古的农舍之外，不宜兴建太多的设施。通过资金、技术、管理的支持，鼓励当地居民种植多种多样的经济作物，如红薯、西瓜、南瓜、北瓜、黄瓜等，或种植千姿百态的观赏花卉，或大规模栽种竹林、桃林等。

投资收益：仿古农舍需3万元，经济作物、花卉、竹林等需23万元，共计26万元，工程一期完成。按照预期，正常运营后全年收益为47万元，2007年收入按照63%计算为29.61万元，2008年收入按照87%计算为40.89万元。

6. 环境建设工程

旅游主题：燕赵自古多壮美，古风千载重现今。

依托资源：燕赵古城复原（建筑格制、社会背景、衣着服饰、民俗节庆、戏剧茶楼、婚丧嫁娶、私塾游学、平民生活等）。

项目选址：在以上景点范围内。

背景介绍：燕赵文化博大精深、影响深远，当前的游客对其越来越感兴趣。而且作为一个主题旅游项目，氛围的营造至关重要。

开发内容：参考相关书籍、影视作品，还原燕国古城，以作为各个子景点内部以及各个景点之间的社会背景。钟楼、鼓楼、宫殿、商铺、作坊、当铺、药店、官衙等用简易材料搭建（参考战国影视城的建筑方法），民居、客栈、饭馆、茶楼、戏楼等游客使用度较大、安全性要求高的设施用砖、石、木等货真价实的材料兴建。当地居民、工作人员身着古装，在景区“有条不紊地生活、工作”。在这里没有导游，而是通过人们当街谈论荆轲、“突发事件”、沿途暗示等方式引导游客来完成旅游活动。其中，茶楼是“燕人”们集中闲聊、娱乐的场所，人流频繁，也是游客了解该城风俗以及完成其“特定任务”获取重要信息的地方，应从数量、风格、产品、服务等方面重点建设。出口处的燕国集市作为游程结束后集中向游客销售纪念品的区域，应当优先建设。

投资收益：各类建筑以及设施共需 1 250 万元，举办各项活动的预期投入是 85 万元，共计 1 335 万元。工程分三期完成。随着“荆轲刺秦”专题游产业化程度的不断提高，预期收益也呈快速增长的趋势。预期 2007 年收入为 550 万元，2008 年收入为 860 万元，2009 年收入为 1 680 万元，此后收益增长率基本保持在每年 10％左右。

三、纪念品的开发

1．“荆轲刺秦”专题游纪念品主要内容

与荆轲相关的字画、雕刻品（具有易县古砚、曲阳石雕的优势）、书籍、徐夫人匕首仿制品、古督亢地图仿制品、燕国服饰、陶器等；还有挂炉烧饼、驴肉火烧、荆条编织品以及其他民间手工艺品等。

2．纪念品的销售渠道

①在制作商品的“作坊”里现场销售，如打铁作坊卖武器。

②在专门商铺购买，如文物店、服饰店、兵器店、玉器店等。

③为完成某个“特定任务”而必须购买的相关商品，如药品、武器、餐饮、住宿等。

④游客的“馈赠”，如在市集上给卖艺人的赏钱、给“乞丐”的施舍、给戏院“戏子”的小费等。

⑤纪念品也会通过某种方式赠送给游客，如师父（从业人员）给即将学艺下山的弟子（游客）临别时送的宝剑、秘籍等。

四、线路设计

各条线路应以渲染、表达荆轲文化深层含义为宗旨，在开发者精心组织下，游客可以通过“月光宝盒”“时代之匙”顺利地在各景区（点）之间自然地实现空间、时代和心理的转移，以整合荆轲刺秦相关的旅游资源，增加游客体验感。设计的线路主要有：

①荆轲影视卡通城—荆轲文化馆—荆轲武术馆—圣塔院寺—田园风光园（游程：一天至两天；客源：主要为易县、涞源、涞水、定兴、徐水以及满城的旅游市场）。

②保定—燕下都遗址—燕子塔—战国城—圣塔院寺—田园风光园—镇灵塔—保定（游程：一天至两天；客源：主要为保定市区以及唐县、涿州、顺平、清苑、望都、曲阳、定州等的旅游市场）。

③保定—白洋淀—燕下都遗址—荆轲文化馆—荆轲武术馆—圣塔院寺—（镇灵塔）—保定（游程：一天至两天；客源：主要为保定市区以及郊县的旅游市场）。

④北京—清西陵—荆轲影视卡通城—荆轲文化馆—荆轲武术馆—圣塔院寺—田园风光园—北京（游程：两天至三天；客源：主要为北京市区以及郊县的居民，或到北京工作、出差、旅游的人员）。

⑤天津—燕子塔—燕下都遗址—荆轲文化馆—荆轲武术馆—圣塔院寺—田园风光园—镇灵塔—古莲花池—直隶总督署—天津（游程：两天至三天；客源：主要为天津市区以及郊县的居民，或到天津工作、出差、旅游的人员）。

⑥在保定易县参观荆轲影视卡通城、荆轲文化馆、荆轲武术馆、圣塔院寺、田园风光园、燕下都遗址、黄金台、战国城、镇灵塔，然后沿太行山东麓南下，经中条山、伏牛山之间的黄河中游的河谷走廊，西越风陵渡进入关中平原，最终到达陕西，参观陕西历史博物馆收藏的“荆轲刺秦”神木汉墓画像石、咸阳市郊“燕国志士荆轲墓”、秦始皇兵马俑、西安古城墙等与荆轲刺秦相关的旅游资源（游程：15天左右；客源：主要为科考专家、部分外国人、少数大学生、荆轲后代、荆轲文化研究者等）。

第五节　“荆轲刺秦”专题游营销与宣传

作为一项文化内涵较为丰富的专题旅游，其成功与否与文化氛围营造的效果如何有很密切的关系。荆轲刺秦故事虽然家喻户晓，但以易县为中心所开发的“荆轲刺秦”专题游线路并不为太多人知晓，人们对很多相关的具体旅游资源、项目和设施也不是很了解。在河北省的大力支持下，保定和易县政府应加大宣传、推广的力度，尽快在社会上树立良好的旅游形象，形成具有高附加值的旅游品牌，并据此推进易县和保定旅游业的整体发展和提升。

在宣传、推广方面，应立足基础，创新思路，多头并进，相互支持，多角度、全方位、立体式地来扩大“荆轲刺秦”专题游的社会影响。

1. 建立立体式宣传体系

聘请在影视剧中给国人留下深刻印象的荆轲扮演者作为形象大使；通过目标市场关注度较大的报纸、电视、杂志等媒介加强宣传；通过直接与游客接触的各大旅行社进行宣传；举办大型社会宣传活动；印制各种精美的宣传小册子；与学校联系组织青少年开展历史和传统教育或夏令营等活动；通过承办一些重要的国内外会议扩大社会影响；在荆轲诞辰、祭日等特殊日子通过各种方式加大宣传；开发荆轲刺秦相关的网络游戏。

2. 学术争论宣传设计

当前国内外学术界对荆轲刺秦相关历史内容和作品争议较多，可通过杂志、报纸、电视、网络等媒介，进一步扩大这种学术争鸣，如通过中央十台的《百家讲坛》栏目，以形成荆轲研究的热潮，为本专题游营造浓厚的社会环境。主要争论的问题可集中于：

（1）文字辩证

柳宗元、陶渊明各作之《咏荆轲》以及韩愈的《送董邵南游河北序》，所涉及荆轲的文学内涵以及感情倾向；高中课本《荆轲刺秦王》一文中“荆轲废，乃引其匕首提秦王”之“废”的不同解释；“岁欲长侍足下”之“足下”词源之辩证；“微太子言，臣愿得谒之”中的“微”的不同解释；“持千金之货币物”中的“货币物”的不同注释；等等。

（2）影视评论

《荆轲刺秦王》《英雄》所引发的社会各界的不同声音以及《荆轲传奇》《秦诵》《秦殇》《战国》《秦始皇》等影片中的荆轲形象的比较。

（3）文学艺术

《史记》《战国策》中塑造荆轲的叙事、艺术风格的比较；《史记·荆轲传》艺术风格、叙述手法、情节安排等方面的研究；沈敏先生在《燕太子丹在哪里?》把荆轲刺秦类比当代的恐怖主义，而章明先生在《荆轲刺秦，无关恐怖》又从恐怖主义特征分析了二者的本质不同。

（4）历史考证

“秦王购之金千斤，邑万家”且“父母宗族，皆为戮没”的樊於期，在《史记·秦始皇本纪》详载的历次秦国出战的大将中没有丝毫记载，杨宽先生在所著《战国史》中认为其是桓齮，但并没有被广泛认可；荆轲刺秦时所携带的督亢图集水利系统图、军事部署图、燕地行政区划图于一身，直到现在学术界对督亢地理考证也没有取得一致意见；曲英杰先生通过对燕下都遗址的考证，对公认的荆轲诀别在易县的观点提出了质疑，认为应是安新白洋淀，并列举出了具有很强说服力的证据；荆轲刺秦中“王负剑”投射出的秦青铜剑的形制、佩带与技击法研究；山东武氏墓群石刻中的“荆轲刺秦王”和陕西神木汉墓的“荆轲刺秦”画像石之间的艺术、历史、史实的比较研究；沈阳的初建者秦开和同与荆轲刺秦的秦舞阳之间带系关系的研究；南京人称其古老姓氏“第五”的由来是祖先曾参与荆轲刺秦王。

第六节 “荆轲刺秦”专题游保障措施

“荆轲刺秦”专题游的顺利开展离不开众多部门的支持和相关产业的合作，任何一个环节的配套工作没有做到位，将直接影响该专题游的成长与壮大。具体而言保障措施主要有：

一、基础设施

1. 交通

总体而言，“荆轲刺秦”专题游各条线路上的景区（点）之间的交通条件较好，但没有直接联系的交通工具将成为直接影响游客体验的瓶颈。例如，虽然公路便捷、宽敞，但由于地处偏僻山村，从保定甚至易县县城都没有去燕子塔和黄金台的巴士，游客只能打车前往。应根据实际情况建立涵盖大巴、小巴、出租车、马车、轿子、自行车等的完整交通工具体系，使游客在路途上也能领略多样的风景，获得丰富的体验。

2. 供电

“荆轲刺秦”专题游各景区（点）运营都有赖于电力的供应，考虑到古文化环境，所以不能直接在景区（点）树杆拉线，需要开发者创新思维，因地制宜找出一条两全其美的开发途径。

3. 供水

荆轲刺秦文化中很重要的内容就是至今仍激荡心灵的“风萧萧兮易水寒，壮士一去兮不复还”的易水诀别的悲壮场景，但当前靠近荆轲塔附近的那段北易水河已经干涸，考虑到“荆轲刺秦”专题游景区（点）周边分布着安格庄水库、旺隆水库、白头水库、太宁寺水库、黄蒿水库、良岗水库等众多水库，可通过引渠方式建造一条可以控制的循环水路。

二、人才建设

对于当地居民和导游等从业人员，通过各类比赛，如专题征文、标志设计以及相关培训、讲座等来增加他们对“荆轲刺秦”深层文化含义的了解，深化对本专题游的经营理念以及设计内容的领悟。这是一项日常且持久的工作，而非仅仅是人员上岗前的入门培训。

本专题游具有很强的独创性、很深的文化性，且涉及的产业和部门较多，这对管理提出了更高的要求。相关管理人才应知识渊博、熟知荆轲和燕赵文化相关知识；应具有创新思维，不拘泥于固有模式，能够不断推陈出新；应具有较强的决策能力、组织能力、控制能力、协调能力和领导能力。

设立基金，促进产学研一体化。“荆轲刺秦”专题游的良性运行，离不开历史、文学、武术、地志、方言、餐饮、音乐、影视、书画、雕刻、考古等多学科相关研究的支持，只有设立专项基金，促进产学研一体化，“荆轲刺秦”专题游才能源源不断地获得持续发展的潜力。

三、市场管理

设立荆轲旅游协会（或公司，或专题旅游服务中心）全权负责各景区（点）的日常运行、活动安排、项目管理。

保定市政府在制定整体旅游规划和在行政管理中充分协调“荆轲刺秦”专题游与其所涉及的产业、部门的关系；易县政府积极主动，通过制定政策法规、行业规则以及加强工商税务等保障部门的支持，进一步规范其旅游市场秩序，为“荆轲刺秦”专题游的发展创造良好的政治环境和市场环境。

通过各类公共活动，推进市场化运作，以加强社会对“荆轲刺秦”专题游的监督力度，进而推进其市场化、规范化。

在项目设计、线路安排、人员培训、产品开发、市场分析时，充分听取各方意见，在考虑实现的可能性的基础上，科学化运作。

四、加强合作

1. 区域合作

当地开发“荆轲刺秦”专题游时应加强与河南、山东、陕西等相关省份地域联动、行业联动、产品联动。荆轲从易水出发，沿太行山东麓南下，经中条山、伏牛山之间的黄河中游的河谷走廊，西越风陵渡进入关中平原，最终到达咸阳，按今天的路程为 900 多公里。因此，本专题游的开发还应与陕西省有关部门合作，共同完善产品类型，不断推动发展升级。

2. 产业合作

“荆轲刺秦”专题游的开发，也有赖于政府、商业、环保业、交通、供电、供水等单位和部门的支持，因此应加强与其的联系与合作。同时，从旅游业角度来看，餐饮、住宿、纪念品、旅行社等旅游子产业之间也要加强协作。

3. 项目合作

“荆轲刺秦”专题游不仅涉及文化旅游、观光旅游、文物旅游、博物馆旅游、音乐旅游，还与农业旅游、红色旅游、教育旅游、主题公园游等旅游方式存在密不可分的关联，因此各项目之间要在开发风格、产品类型等方面加强协调。

4. 景区（点）合作

“荆轲刺秦”专题游线路包括了荆轲影视卡通城、荆轲文化博物馆、圣塔院寺、荆轲武术馆、田园风光园、燕子塔、镇灵塔、燕下都遗址、黄金台、狼牙山、清西陵以及总督署、莲花池等保定市和周边其他县的旅游资源，线路要统一规划，各景区（点）联系要自然、协调。

第七节　“荆轲刺秦”专题游投资回报分析

“荆轲刺秦”专题游投资回报率较高，从表 5-7-1 中可以看出，从 2007 年 1 月到 2010 年 12 月，该线路共投资 3 233 万元，其中近期投资为 1 734 万元，中期投资为 950 万元，远期投资为 549 万元。该专题游从 2007 年 1 月到 2010 年 12 月共收益 11 680 万元，其中近期收益为 2 634.6 万元，中期收益为 3 220.35 万元，远期收益为 5 825.05 万元。整个规划期，“荆轲刺秦”专题游共获利润 8 437 万元，其中近期利润为 890.6 万元，中期利润为2 252.35 万元，远期利润为 5 294.05 万元。2011 年以后，由于该线路已经步入正轨，基础设施已经较为齐备，宣传成效较为明显，主要开发工作转为创新项目、扩大市场规模，所以年收益值将会持续攀升，年利润保持 7.5%以上的增长速度不成问题。

表 5-7-1 “荆轲刺秦”专题游投资回报分析图

单位:万元

项目名称	预期成本			预期收益			预期利润		
	近期	中期	远期	近期	中期	远期	近期	中期	远期
圣塔院寺修复工程	152	146	134	412.5	467.5	825	260.5	321.5	691
荆轲影视卡通城	10	5	5	86.4	86.4	144	76.4	81.4	139
荆轲文化馆	150	46	10	660	594	999	510	548	989
荆轲武术馆	20	6	0	33.3	34.5	65.55	13.35	18.5	65.55
田园风光园	26	0	0	41.35	43.95	70.5	5.35	43.95	70.5
环境建设工程	850	350	197	980	1270	2688	130	920	2491
燕子塔修复工程	3	3	2	47	52	66	44	49	64
燕下都遗址建设	54	32	29	74	98	102	20	66	73
纪念品开发	68	72	43	246	482	779	178	410	736
营销宣传	277	182	54				−277	−182	−54
基础设施建设	72	46	8	54	72	86	−18	26	78
人才建设	8	22	36				−8	−22	−36
市场管理	12	4	6				−12	−4	−6
加强合作	32	24	7				−32	−24	−7
总计	1734	950	549	2634.6	3220.35	5825.05	890.6	2252.35	5294.05

注:①近期为 2007 年 1 月至 2008 年 6 月;中期为 2008 年 7 月至 2009 年 6 月;远期为 2009 年 7 月至 2010 年 12 月。

②“荆轲刺秦”专题游整合的其他旅游资源,如清西陵、狼牙山、总督署等很难明确计算源于本专题游的收入,故忽略。

③营销宣传、基础设施建设、人才建设、市场管理以及加强合作给“荆轲刺秦”专题游带来的收入集中体现在各个项目和线路中,故未明确标出。

④表中数据与规划设计方案完成时一致,数值修约不再做进一步统一。